九型芳華
鑑古知來

ENNEAGRAM
REFORMER, PERFECTIONIST
HELPER, GIVER
ACHIEVER, PERFORMER
INDIVIDUALIST, ROMANTIC
INVESTIGATOR, OBSERVER
LOYALIST, LOYAL SKEPTIC
ENTHUSIAST, EPICURE
CHALLENGER, PROTECTOR
PEACEMAKER, MEDIATOR

林顯洋 張兆東 呂俐蓁————著

目　錄

The Enneagram

九型芳華，鑑古知來

緒　論

Chapter

01

第一節

各家思想原出一脈

自古以來，人類一直在探討自身的內在與外在，以至於兩者之間的關係。其實，人與環境之間的關係也是人和自己之間的關係，因為外在就是人內在狀態的投射。東西方古聖先賢，以至於依據他們所提出的思想發展而來的學說，在內容呈現上可能略有不同，但是他們思想的核心往往不脫人與外在環境，還有人與自身之間的關係。

以西方來說，其哲學致力於以理性思考的方式探討「存在」的本質，這些哲學家們試圖了解自己是誰，還有自身周圍的事物何以存在。從米利都學派的泰利斯（Thales）開始，不少哲學家開始思考自然、人自身以至於人與自然之間的關係。中華文化則是以「天人合德」的宇宙本體哲學思想來探討人與宇宙之間的關係，並且以這套哲學思想為基礎，於五千餘年的歷史裡，在不同領域當中發展出各種思想渠流。

從這些不同思想的發想、對話與論辯當中，我們不斷嘗試了解「我們是誰」，以及「我們從何而來」，和宇宙之間究竟有什麼樣的關係。當然這其中也包含本書之後所要提的重心——「九型人格」，以及九型人格和空間兩者之間的關係。也正因為這些思想的持續發展，我們能夠更加認識自己，還有我們和自然以至於宇宙之間的關係。

第二節
九型人格學的源流

一、導言

　　如同前面所說的，「我們是誰」以及「我們從何而來」這兩個問題一直是全世界的人想要溯源的。古今中外也一直不斷為這兩個問題推敲出合適的解答。九型人格與其相關符號系統也同時在這些探討自我的學說不斷交流和撞擊的過程當中應運而生。

二、九型人格學從何而來

　　關於九型人格和其相關的符號系統起源眾說紛紜，有一說認為九型人格最早來自於兩千五百多年前的巴比倫文化，也有一說九型人格來自伊斯蘭教的其中一個教派「蘇菲（另譯蘇美）教派」。然而，無論哪一家說法為真，我們都可以在九型人格中看到其他學派的影子。不僅有蘇菲教派探討宇宙進程和人類意識形態發展的精神，九型人格使用的星形圖和猶太教卡拉巴教派的「生命之樹」圖也頗為相似。

　　即使無法確定九型人格何時開始存在，這裡可以確定的是，最先將九型人格相關概念導入近代西方世界的人，是希臘亞美尼亞人喬治‧伊凡諾維奇‧葛吉夫（George Ivanovich Gurdjieff）。葛吉夫提出九型圖符號體系背後代表的三大宇宙

法則，並將其稱為「三律」，並且透過教導學生以舞蹈的律動方式，用身體理解九型圖九角星的永恆運動，進而在舞蹈過程當中產生特定心智狀態的覺知。雖然葛吉夫導入九型人格相關概念，但是在他和他的學生留下來的相關文獻記錄當中，並沒有明確提出過「九型人格」，甚至還認為在追求更高一階的意識形態時，人格是相對不重要的部分。

三、九型人格學正式系統化

我們今天所熟知的九型人格學說，則是第二次世界大戰結束之後的事。奧斯卡・依察諾（Oscar Ichazo）於 1950 年代研究九型圖，連結九型圖的符號系統和九種人格類型，而這九種人格類型源自於希臘新柏拉圖學派，同時他們也發現基督教傳統中的「七宗罪」加上恐懼和欺騙兩種私欲，和九型學之間有異曲同工之妙。不只如此，依察諾發現卡巴拉哲學的某些概念和九型學之間，也有類似於三位一體和統一等概念。在他將九型符號安置在九型圖的適當位置上之後，我們今天所知道的九型圖就這樣誕生了。

精神病學家克勞迪奧・納蘭霍（Claudio Naranjo）在 1970 年上了依察諾包含九型圖和九型人格的課程之後，進一步將九種人格類型和自身專業領域的精神病學結合，透過小組方式研究九型人格學，並且在美國加州的柏克萊地區傳授九型人格系統的初期版本，吸引更多人投入九型人格的相關研究，進一步拓展出不同的面向。

　　受到納蘭霍的啟迪，唐‧理查德‧里索（Don Richard Riso）投入九型人格學說相關研究，在 1970 年進一步提出探討對人格特質認同程度的「發展層級」概念，同時也出版兩本與九型人格相關的著作。拉斯‧赫德森（Russ Hudson）則在 1991 年加入里索的團隊，協助發展出「里索—赫德森九型人格類型指標測驗」（RHETI），同時也與里索一同創辦美國九型人格研究中心，推廣九型人格，讓九型人格在美國逐漸變得普遍。

　　九型人格相關學說的發展，也納入一些心理學相關的概念。九型人格學傳入華人文化圈，與心理學進入華人文化圈的時間息息相關。1961 年，心理學相關學說傳進來台灣，九型人格相關理論則是在 90 年代從香港輾轉傳到台灣，自此之後，九型人格相關理論在台灣開始發展，逐漸開始運用在各種不同層面。而在中國方面，北京中國科學院心理研究所則以九型人格並不符合科學概念為由，不承認相關學說的地位。

第三節

九型與五行：東西方思想的接軌

一、人與外在之間的悠久關係

在《道德經》當中有這樣一段話：「人法地、地法天、天法道、道法自然」，這段話蘊含著中國哲學思想中一再強調的「天人合一」觀念，同時也揭示了外在空間運作其實就是人內在狀態的投射。事實上，無論東西方都有以人為出發點探討空間運作的相關學說研究。以東方來說，以人為出發點探討空間，以至於人和空間之間的關係最典型的相關概念就是「風水」。

「風水」相關概念最早可溯源自春秋戰國時代，甚至還要更早。到了秦漢時期，人們進一步將《易經》中的「五行」和八卦等相關概念導入風水當中，讓風水不單只是民間挑選居所的技巧，更是具備理論化的依據，即使到今天為止，像是在選擇建築物位置、設計與建造建築物還有空間布置等，我們還是會採用像是五行生剋等風水的相關概念。

二、九型人格與建築

前面談到九型圖和卡拉巴教派使用的「生命之樹」圖概念有相通之處，事實上，東方的五行也近似於九型圖。五行具備

相生相剋的特性，這種特性我們在九型圖當中也可以看到。在此，我們看到有關人和宇宙間的關係，在東西方學說當中兩者其實是可以接軌的。

　　若以建築學來說，建築外在形式的呈現，固然會因設計師的興趣、個性或智慧而有所區別，但是在形式上可類型化的研究也有跡可循，進而產生建築的類型學理論。因此，建築不僅在於具體建築設計的操作，更是一種認識和思考外界的方式，讓我們更加了解我們所處的世界是什麼樣子。

　　基於天人合一的觀念，如同我們以五行生剋解釋我們每個人的特質和風水座落，透過探討九型人格，我們不只能夠了解我們是什麼樣的人，甚至還可以清楚我們所在的空間是什麼樣子。所以，利用九型人格相關分析，我們可以從建築了解設計師是什麼樣的人，同時，我們也可以了解不同特質的人如何選擇和他們特質相呼應的建築，進而讓自己處在最佳狀態當中。

Chapter
02

The Enneagram

九型芳華，鑑古知來

九型人格總論

第一節

九型人格的核心焦點

一、導言

在第一章，我們先探討九型人格學說的思想源頭以及發展的歷史，對其發展脈絡有一個初步的理解，同時也讓大家知道九型人格學說與東方風水之說在理念上有相關之處。接下來，本章將解釋九型人格學是什麼，並針對九型人格學各類型做總覽，建立一個架構，之後深入探討九型人格與建築間的關係。

二、探討、圓滿自己與他人

每個人終其一生都在探索自己是誰。而唐・理查德・里索與拉斯・赫德森在其著作《九型人格全書》中也提到，九型人格最重要的特質是自我認識，並且認為透過九型人格系統有助於了解自己、認識他人，並且幫助自己評估周遭狀況。所以，透過九型人格，我們可以知曉自己有什麼樣的人格特質，同時依據這些特質決定做事情的方向。了解自己也了解他人之後，就可以解決以至於減少衝突，讓自己的人際關係變得更加和諧。

然而，九型人格的用處不僅止於了解自己是誰而已，更重要的一點在於知道原來世界上有形形色色的人，而這些人和

自己的性格有類似與截然不同之處。基於這點，從學習九型人格當中，我們可以知道不同性格的人面對事情會有不同反應、感覺以至於行動。當我們明白這點，知道人的差異來自於性格上的不同之後，我們就不會因為別人和我們意見不同而怨懟對方。

三、成就最高境界的自己

九型人格幫助我們理解自我，進而了解他人，並且成為我們待人處事的依據。事實上，九型人格背後有更深一層的意義，這層意義在於「人格」（personality）與「本質」（essential nature）之間的關係。

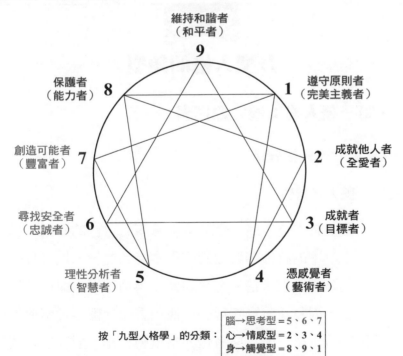

九型人格學概念圖

　　「本質」是每個人與生俱來的，因為這份潛力，我們可以和世界產生直覺性的連結，並且全然的信任，但是，在人們的成長過程當中，尤其是童年受過傷害的人，在潛意識下自動形成一套生存的保護機制，不論是成為了自我保衛生存的八三號「人格」，或自我犧牲奉獻以成全委屈的二一號「人格」，好好活下去是這些人唯一的共同希望。透過九型人格學，人們在了解九種不同人格型態之後，從而產生覺知，覺察到自己的行為舉止之後，可以更進一步地接近自己的本質。

　　因此，九型人格學不只將人分門別類，還能讓人更加認識自己，以至於讓自己重新察覺自己是和這個世界連結的。

第二節
九型人格的類型

一、第一號人格：遵守原則者

（一）第一號人格分析

1. 第一號人格特質

　　第一號人格「遵守原則者」處事有自己的原則，具備「身中心」的特性，讓他們依靠本能和熱情，以自身的信念和判斷來處理事情。在實地執行事情上面，他們善於安排計畫，因為注重實際行動，他們重視計畫能否照他們的原則執行。第一號人格者也非常重視效率，因為他們認為一個人一天以至於一生可以做特定一件事的時間有限。

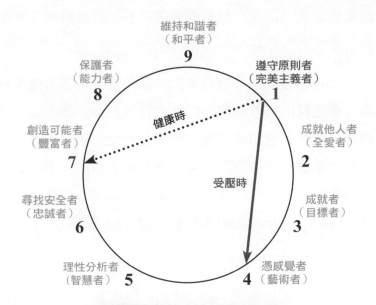

型號 1	原則型
自我形象	我重原則、我是對的
形　　式	完美主義
逃　　避	隨意
防衛機制	對情境做本能反應
偏　　情	主觀認為、憤怒
受壓趨向	→ 4
健康趨向	→ 7
佔 有 率	多
相似類型	1, 2, 3, 6, 7, 8

　　第一號人格者行事具強烈的目的性，對自我的要求極高，認為只要對自己嚴格就可以說服自己和他人。因為第一號人格者會試圖讓他人信服他們的原則，一旦超過容忍範圍，覺得世界不完美，甚至認為死亡比存在還要完美時，第一號人格者會選擇自殺，所以自殺者以第一號人格者居多。雖然第一號人格者的作為從其自身的角度來說看

似追求完美，從宇宙整體的角度來看，這套原則其實並非真正意義上的完美。

以心理健康程度層面來說，第一號人格者若健康程度高，會呈現出具管理能力的社會菁英形象，如老師或公務員等，他們具備想要改變世界的強烈使命感，所以也是天生的改革家；相對來說，在健康程度低的狀況下，第一號人格者會陷入自我迷失，而且會顯得頑固不易變通，想改變世界的性格也會讓他們好為人師對他人說教。

2. 第一號人格的情緒變動

第一號人格屬於「身中心」，極度重視身體的感覺。因此，屬於第一號人格的人重視的歡樂是身體上可以感覺到的歡樂，第一號人格重視的時候會進入第七號人格的區塊。第七號人格本身屬於樂觀取向，而且具備很強的創造力，情緒歡愉的第一號人格者也會出現這種創造出可能性的特質。

第一號人格者在進入快樂情境時，會放下自己嚴肅拘謹的一面，解放自己盡情玩樂，即使仍堅持於自己的原則，也比較能夠接納他人的意見，因此在面向呈現上會展現出第七號人格樂觀積極的一面，和第七號人格者不同的是，第一號人格者由於害怕過度樂觀會失去對自我的控制，因此會透過憤怒的方式攻擊自己。

受壓的時候，第一號人格者會進入第四號人格區塊，呈現出第四號人格悲傷且陰鬱的特質。在這種狀態下，一

且發覺情況不如自己的預期，或者是覺得周遭的人都不懂自己的時候，自律和自制的機制會轉為憤怒的情緒，進而開始產生自我否定和批判，嚴重時甚至會產生羞愧的情緒，最終選擇走上自殺一途。

為了逃避來自內在的批判，第一號人格者會選擇自我放縱，把時間花在幻想不切實際的事物上面。若要讓自己達到健康的狀態，他們要做的事是面對自己，理解自己內在的需求是什麼，為自己留一些空間，學著處理憤怒和欣賞他人。第一號人格者應該如何擺脫健康程度低落的困境？關鍵在於是否願意接納自己不合乎理想的那一面，使事情有轉變的可能。

（二）代表人物

堅持原則讓第一號人格者在工作上總是會要求自己做到最好。金凱瑞和周星馳的喜劇片讓人感到有趣，但是他們刻意且誇張的演出方式，其實是追求完美的性格下所呈現出來的，因為他們希望完美展現最搞笑歡樂的一面給觀眾。然而，他們的真實性格與螢幕之形象大相逕庭，所以金凱瑞曾經因為演戲罹患憂鬱症；周星馳對於拍戲要求完美，導致他與不少導演和演員關係失和，甚至鬧上媒體。

第一號人格者的完美主義性格，一旦過頭就會出現憂鬱症等心理疾病，更嚴重者甚至會因此而自殺，其中最典型的例子就是張國榮。依據坊間說法，張受到憂鬱症所影響，還在壯年時期就選擇走上絕路，而之所以會罹患憂鬱症，也是因為對事

業求好心切，若不如意便會產生不滿的心情，長久累積下來，最終因拍戲入戲太深而患病進而輕生。

第一號人格者也容易因為過於堅持原則而影響自己對人和事情的判斷。如《倚天屠龍記》中的峨嵋派第三代掌門滅絕師太，對善惡判斷有自己的標準，對明教深惡痛絕，不但瘋狂殘殺其教徒，還將這股怒火轉嫁到後來成為明教第三十四代教主的張無忌身上，最後在萬安寺遇難時，寧願選擇墜塔一死也不願意接受張無忌的幫助，由此可見，第一號人格者對人的好惡是非常明顯且強烈的。

同樣屬於第一號人格的金庸小說角色是《射鵰英雄傳》的桃花島主「東邪」黃藥師。黃藥師認為，只要將他的女兒黃蓉許配給白駝山莊主人「西毒」歐陽鋒的姪兒歐陽克，兩位武林高手因為姻親關係而聯手將會天下無敵，同時也認為「桃花島」和「白駝山莊」兩家門當戶對，堅持成就這樁婚事，無視於歐陽克性好女色的缺陷，也沒有顧及黃蓉不但厭惡歐陽克，而且早已心儀於郭靖的事實。因此，對第一型人格者而言，一旦原則定下來，便不容自己的價值觀受到挑戰。

對於這些第一號人格者來說，過於堅持己見以及執著於追求完美往往也讓他們的人生無法獲得真正的圓滿。

二、第二號人格：成就他人者

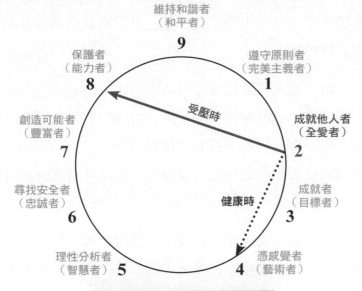

型號 2	全愛型
自我形象	我會助人、我願付出
形　式	服務
逃　避	需要
防衛機制	抑制自己的需要
偏　情	遺忘自己
受壓趨向	→ 8
健康趨向	→ 4
佔有率	少
相似類型	3, 8, 1-9

（一）第二號人格分析

1. 第二號人格特質

第二號人格「成就他人者」天生喜歡幫助他人，秉持著「施比受更有福」的想法，他們本身沒有太多欲望，如

果真要說有欲望的話，就是追求幫助人之後的愉悅。若是第二號人格者到達一個平安喜樂的境界，他們會擁有助人脫離水深火熱之中的欲望，並且也願意做在別人看來吃力不討好的事情。

第二號人格者能感受周圍人需求，調適自己因應那些人的需求。他們重視人際關係，所以即使對周遭人有所不滿，也不會直接將不滿的情緒表現出來。相對來說，也因為他們沒有把重心放在自己身上，所以會有處處想討好別人，而無法真正明白自己是誰的隱憂存在。

第二號人格者如果心理處在健康狀態，他們會時時刻刻敞開心房，懂得傾聽周遭人的想法，及時洞察他人的需要，設身處地幫助他人，讓他們找到身上獨一無二的特質。健康狀態的第二號人格者可說是個溫暖、具有個人魅力而且樂於與他人分享的人，所以很多人都會希望能夠跟這樣的人相處。

第二號人格者處在不健康狀態時會忽視自己的需要，期待受到他們幫助的對方給予回應，希望能透過幫助他人來確認自己的價值。他們相信，如果想要獲得他人的愛，就要先讓自己奉獻愛給他人。也正因為常常把他人的需要擺在第一位，所以會因為迎合他人花費大量時間，最後失去自我。也因為害怕得不到那些受幫助者們回應，第二號人格者難免會出現情緒勒索等狀況。

2. 第二號人格的情緒變動

第二號人格者如果處在焦慮和壓力的狀態之下，會出現第八號人格的狀態。他們會從溫和的態度轉變為以激烈言詞抱怨他們對需要幫助的人所做的付出沒有得到回報或感謝。為了要自己的努力讓別人看見，第二號人格者也會開始拼命做事，背後目的無非就是要尋求被他人重視的感覺，一旦走偏會出現「我這樣做是為了你好」這種情緒勒索的狀況，也會出於被討厭的恐懼合理化自己的行為。

如果第二號人格者開始學會重視自己，不要過度在意他人的想法時，內心坦然的狀態下會開始轉向第四號人格。出現這種轉向的關鍵在於是否能夠真正接納自己的所有情感，一旦能夠全然地接受自己，第二號人格者就可以真正找到自己的潛能所在，因為他們能夠感受到他人的感覺，這種強烈的感知能力會讓他們發自內心去幫助周遭的人，而非只是為了討好他人而助人。

換句話說，第二號人格者如果要達到助人的最高境界「無我」，要先關注自己的需求，一旦能夠理解自己的感受，自然會開始將愛擴展到周遭甚至整個社會的人身上，進而達到將他人的苦與樂視為自己苦與樂的「同體大悲」最高境界，如此一來就能真正奉獻出自己的大愛。

(二) 代表人物

第二號人格時時刻刻想的是其他人的需要，為他人無私奉獻，追求的是助人之後高層次的平安喜樂，這種「利他無我」

的境界可說是天生的慈善家。而在現實生活中也的確不乏這樣的人，這種無私奉獻的人大多見於宗教人士，最典型的例子就是證嚴法師和德蕾莎修女。

德蕾莎修女年輕時立誓要到外國傳教並幫助貧窮的人，看到印度不只人民貧窮，而且因為戰爭，像是痲瘋病和霍亂等傳染病都無法獲得有效控制，決定將一生奉獻印度幫助這些貧苦的人，不僅如此，為展現出他們和窮人站在一起的心意，甚至連服裝都選擇與貧民使用的布料同一材質；與德蕾莎修女同一類型的人還有證嚴法師，她成立慈濟，並且帶領志工幫助受災戶，同時也關心孤苦無依的人。不僅如此，兩人對於外在生活並不是很重視，心中只惦記需要幫助的人。

第二號人格者在心理健康的狀態下為他人奉獻心力，可以為世人帶來貢獻，當心理狀態不健康時會走向另外一個極端。不只佛教，其實伊斯蘭教也有強調與他人為善的重要性，但是某些極端份子認為世人不了解伊斯蘭教，覺得他們宣揚伊斯蘭教義卻得不到回應，所以伊斯蘭國或神學士組織等團體應運而生，他們殺害和迫害其他不同信仰和立場的人，不僅造成更多紛爭，也讓世人將伊斯蘭教與恐怖份子畫上等號。

有些人同時具備第二號與第八號的綜合特質，金庸小說《射鵰英雄傳》中的郭靖就是典型例子。郭靖與喬峰兩人同樣有憂國憂民的特質，但郭靖會將手上的衣物錢財送給黃蓉，也樂於幫助有需要的人，蒙古人入侵的時候，抱著以國家興亡為己任的心態，勇於挺身而出死守襄陽城。第二號人格與第八號

人格都擁有大格局，但是第八號人格的身中心特質容易感受到憤怒，而且因為具備領導者特質，所以即使並非自願，也會站上領導者的位置。

三、第三號人格：成就者

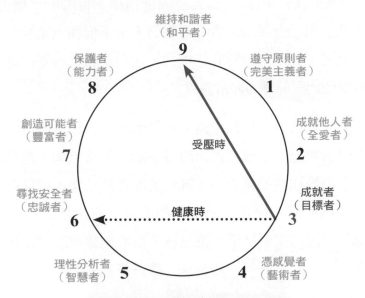

型號 3	成就型
自我形象	我很成功、我很能幹
形　　式	成功有效
逃　　避	失敗
防衛機制	認同一個角色
偏　　情	憤怒、欺騙、掌控、高傲
受壓趨向	→9
健康趨向	→6
佔 有 率	中
相似類型	1, 8

（一）第三號人格分析

1. 第三號人格特質

第三號人格「成就者」如同其名重視且追求成就。為了自己，他們有著明確的目標，要求自己不管做什麼事都一定要成功，所以作為人生成就指標和目的的「權力」、「性」和「金錢」三者，對他們來說不但極為重要，而且一定要得到手。因為有了權力，性和金錢也會隨之而來，所以他們對於權力非常看重。

既然權力、性和金錢是他們追求的目標，所以第三號人格者會把重心放在可以取得成功的方法上面，他們會把注意力投注在結果上面，既然重點在於結果，所以會追求效率進而尋求捷徑，因此他們不會在意方法是否合乎道德。也因為重視結果，第三號人格者們都成了工作狂，工作時不會帶有任何一絲情感，就只是為了要取得成功，對他們而言，情感是成功的阻礙。

第三號人格者把自己放在第一位，也因為他們做事時總是不帶任何情感，所以不擅長與其他人合作，喜歡單打獨鬥並享受與其他人競爭的感覺，期待透過競爭向他人展現自己的優秀。因為他們喜歡競爭，所以會和其他類型人格者，甚至同類型人格者相鬥。第三號人格與第八號人格都有當領導者的格調，但是不同於第八號人格者是為了大局或國家負起責任，第三號人格者是出於自己的欲望而力圖成為領導者，也因為這根本性的不同，在健康狀態之下，第三號人格

者會展現出天生領導者的特質,他們是交際高手,善於激勵他人,講出來的話也會很有感染力,同時他們也注重外在形象,為達成目的,效率對他們來說是重要的;而在不健康的狀態之下,他們會變得自戀且自大、過度追求名利,不容許自己失敗,且為了達到目的不擇手段。

2. 第三號人格的情緒變動

第三號人格者一旦受到壓力,會展現出第九號人格的負面特質,他們會從原先拼命三郎的特性,轉為不再熱衷於追求成功,當他們在追求目標時,得為了達到預設的成就,而去做自己沒有興趣或不願意去做的事時,內在的空虛感會讓他們開始逃避現實生活,而且恐懼無法達到預期的目標,會讓他們更加不願意面對現實,工作反而成為他們逃避現實的幌子。

要扭轉第三號人格受壓的狀況,看清楚內在對於無法成功的恐懼是非常重要的。一旦他們開始願意面對壓力,就會開始轉向第六號人格積極的那一面,學會接納自己,他們會投資自己,但目的是在發揮自己價值的同時幫助別人。他們會真正投入人群,接受自己其實是有侷限的,認知到與他人溝通和合作的重要性,但是認清自己價值的第三號人格者不會因此而覺得自卑,而是在與人互動的過程當中,發揮出自己的潛能。

(二) 代表人物

第三號人格者具備強大的領導能力,但是其作為的出發點

完全是為了自己，也因為容易猜忌他人，所以會因為出於懷疑而將功臣或是有恩於他的人殺死。以歷史人物來說，最典型的例子就是劉邦、呂后、朱元璋和曹操。他們是擁有很高的領導能力甚至魅力，所以能夠成為一國之君，並且為萬方所擁戴。

然而，劉邦、呂后、朱元璋和曹操也會因為懷疑有功的部屬功高震主，而殺害那些功臣或是可能不利於他的人。劉邦一察覺到有些異姓諸侯王可能有謀反之心，就立即下手將他們除去，而之後掌權的呂后也一樣會誅殺功臣。朱元璋在建立明朝之後，也採取和劉邦一樣的手法，將當年與他一起打天下的功臣們除掉。在《三國演義》中的曹操，也曾在逃難時因懷疑恩人而殺了對方，並且留下「寧願我負天下人，不願天下人負我」這句話。事實上，這些歷史人物會有這樣的舉動，是擔心自己的權力會被他人所剝奪。

雖然第三號人格者會為了權力而對他人做出不利之舉，然而，在健康狀態下的第三號人格者，即使出發點仍是為了權力、金錢或性，卻可以發揮出領導者的長才，帶領整個組織壯大起來，甚至成為一方之霸。最典型的例子就是鴻海科技集團創辦人郭台銘。他白手起家，一手將自己創辦的鴻海科技集團拉拔起來，不僅成為台灣最大跨國企業，甚至還併購風雨飄搖的日本知名電子品牌夏普公司，並且一度成為富比士全球億萬富豪排行榜中台灣排名最高者，也就是台灣首富。

　　郭台銘講求效率、重視績效，經常為了鴻海集團的發展世界各地奔波，決策明快且果斷，充分發揮出第三號人格的特質，所以鴻海集團能夠達到今天規模並非沒有原因。然而，郭台銘也同樣有第三號人格對權力有高度企圖心的特質，因此在將鴻海集團經營到成為知名跨國集團，並且成為台灣首富之後，毅然投入政治，參加國民黨總統初選，即使輸給韓國瑜而無法參選總統，仍將資源投注給親民黨和民眾黨。他經營企業的鐵腕，還有對員工的嚴格要求也同樣出了名，所以偶而會出現員工操勞致死的新聞。

　　所以，這些第三號人格者即使身為領導者，並且發揮才能的出發點不若第八號人格者是為了國家或社會，但是如果他們如果處在健康的狀態之下，發揮出領導者的風範，以及做事明快的特質，仍然能夠立下亮眼的功績，同時他們的作為也會為這個世界帶來貢獻。

四、第四號人格：憑感覺者

（一）第四號人格分析

1. 第四號人格特質

　　第四號人格「憑感覺者」非常重視內在的感覺，具備浪漫的特質。他們對於周遭事物非常敏感，會運用右腦思考。雖然如此，他們的感覺屬於多愁善感，因為比較容易關注負面情緒，經常活在「要是當初這樣做就好了」的悔恨感中。另外，沉溺在痛苦當中會為他們帶來一種甜蜜的

感覺，他們認為這種痛苦比其他情緒還吸引人。正因為重視感覺，他們總會憑自己的感覺做事。

「憑感覺者」還有另外一種稱呼是「藝術者」，因此，顧名思義他們充滿文藝氣息，許多知名的作家或藝術家都歸屬於此一人格。換句話說，他們擁有想要喚醒自己內在傾向的天性，而內在渴望和絕望不斷擺盪，也讓他們生活上的情緒具備更強的張力，從而對生活產生更強烈且深刻的感受，並且進一步將這樣的感受轉化為創作能量。

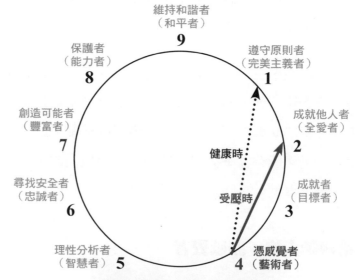

型號 4	感覺型
自我形象	我很特別、我很敏感
形　　式	真實感覺
逃　　避	平凡
防衛機制	藝術的昇華
偏　　情	最愛哭、憂傷
受壓趨向	→ 2
健康趨向	→ 1
佔 有 率	少
相似類型	1, 2, 9

　　第四號人格者經常關注負面情緒而帶有失落感，但這種失落感也會讓他們產生因為能在這種悲慘的境遇中活下來，所以自己是特別、獨一無二的，並且會把話題聚焦在自己以至於自己所遇到的各種大小事情上面。正因為他們覺得自己不平凡，所以他們在談吐以至於穿著上面，總是有一套自己的見解和標準。

　　若從心理健康層面來說，第四號人格者如果心理健康時富有同情心，擁有極高的敏感度，從而產生出源源不絕的靈感，他們重視唯美的品味，會持續追求內心憧憬的事物。然而，如果心理不健康時，他們則會過度關注自己的內心，嚴重時甚至會自我封閉，也正因為他們容易關注負面情緒，所以容易懷疑自己，也常常害怕自己會被身邊的人所遺棄。

2. 第四號人格的情緒變動

　　第四號人格屬於「心中心」，當他們出現正面的情緒時，人格特質會轉向第一號人格「遵守原則者」的特質，也就是以自律的方式追求完美。第四號人格者會持續在生活當中努力付出，為這個世界做出貢獻，而在這個狀態之下，他們也會依照自己的直覺去做事，而不會讓自己被內在那些低頻的情緒所迷惑。要做到這點的關鍵之一，在於辨識出「現實」和「個人情緒」反應之間其實不是同一回事。

　　讓第四號人格者處在健康狀態的另一個關鍵在於接受現實狀態。當他們開始接受並放下自己以至於身邊人的過去，他們不只可以看見自己與生俱來的特質並且將其發揮

出來，同時也能建立起真正的自我認同，進而和身邊的人建立起良好的關係。換句話說，其實第四號人格走向第一號人格的健康狀態之路就是真正的活出自己，並發揮自己。

相反的，當第四號人格者處在一個情緒受到壓抑而不健康的狀態時，會呈現出第二號人格負向的一面。他們會把自己陷入一個想像的世界，同時也會變得無法容忍自己被他人所批判或討厭。第四號人格者會像第二號人格者一般幫助別人，但是幫助別人的動機截然不同，因為第四號人格者是害怕被周遭的人討厭，而第二號人格者則是有愛護他人的心。

對於情緒受到壓抑的第四號人格者來說，因為無法變成理想中的自己，他們會開始討厭自己，對自己自暴自棄，同時也會開始對身邊的人產生憎恨。一旦發生這種情況，第四號人格者會做出極端的負面行為，破壞生活當中他們認為美好的人和事物，更嚴重者甚至還會因為這種對世界忿恨不平的情緒而犯罪。

綜上所言，要讓第四號人格者真正發揮天賦，而不會走上歪路危害自己身邊的人，其關鍵在於是否願意接納自己不圓滿的那一面。

(二) 代表人物

要說到第四號人格的代表人物，知名影星梁朝偉絕對是其中之一。梁朝偉主演的電影，像是《色戒》、《無間道》、《重慶森林》和《春光乍洩》等都為人所熟知，《花樣年華》或是

《射鵰英雄傳之東成西就》優雅和搞笑兩種截然不同的角色都能夠充分詮釋，還因此拿到十多座的影帝頭銜，這些成就來自於他的演戲天分，還有第四號人格健康狀態的發揮。

梁朝偉之所以能夠充分發揮他的演戲天分，其實是因為他處在第四號人格的健康狀態，雖然想追求身為一個演員的最高境界，但是他願意接受自己以至於身邊的人不完美的那一面。他接納劉嘉玲過去那段悲慘不堪的經歷，甚至娶她為妻，所以能看到自己的演戲天分，並將其發揮出來。因為沒有憤怒的情緒，所以梁朝偉相對於好友周星馳在發展與人際關係上較為順遂；雖然與張國榮一樣很要求自己，也都有入戲的經驗，最終梁朝偉並未因此走上絕路。

如同前面提到的，有許多第四號人格者都是古今中外赫赫有名的作家或藝術家。舉例來說，民初知名作家徐志摩溫和，對生活事物頗為敏感，會受到葉子或是水等大自然的事物所啟發，寫出來的詩和散文也頗有溫厚婉約之感，所以《再別康橋》等作品才會如此膾炙人口。荷蘭知名後印象派畫家梵谷雖然一生抑鬱不得志，但是對於周遭人事物有深刻感知的他，畫出像是《午睡》、《向日葵》系列、《星空》和《自畫像》等畫作，雖然在世時因為性格關係導致畫作很少人關注，作品仍在後世被人發掘，並博得人們的一致好評。

第四號人格的感傷且淒涼的情緒，在金庸小說《連城訣》當中可說是充分展現。在這內容淒美壓抑的作品當中，重要人

物之一，練就書中最強武功《神照經》的丁典可說是第四號人格的代表人物之一，其第四號人格特質，在與凌霜華的愛情故事當中充分顯現。

丁典習得《神照經》，且得知寶藏的祕密「連城訣」，並且在因緣際會下認識凌霜華，卻因為被凌霜華的父親凌退思設計被關入牢中。丁典有機會可以逃走，卻為了看凌霜華每天在牢房窗口擺的花，甘願待在牢中五年，直到得知凌霜華有可能遭遇不測之後才逃獄，甚至最後因為凌退思下的金波旬花毒而死時，還請求主角狄雲讓他和凌霜華合葬。丁典對凌霜華的一片癡心，以及對心愛的人同是愛花人的知音之情，對這份得不到的愛情，可說是第四號人格的一片真情流露。

五、第五號人格：理性分析者

（一）第五號人格分析

1. 第五號人格特質

第五號人格是九型人格當中最聰明的，因此他們喜歡思考，百分之百發揮大腦的功能。屬於腦中心的他們對於一切事物會採取理性分析並且縝密計算。對於周遭環境的好奇，讓他們不斷努力找出萬物存在的原因，以理解世界是如何運作的，對於知識的追求讓他們連休息時間都在尋求解決問題的辦法，因此他們對時間和金錢非常精打細算。一旦得到想要的知識，第五號人格者會很開心。

在人際關係方面，第五號人格者相對比較重視個人隱私，他們喜歡離群索居的感覺，因為理性思考，所以在與他人互動時，往往會隱藏自己真實的感覺，在人際互動上顯得冷漠且木訥。他們也希望透過減少和他人的互動來保留自己的獨立空間，因此寧可花時間獨處與自己對話，也不願意與其他人有更多的連結。

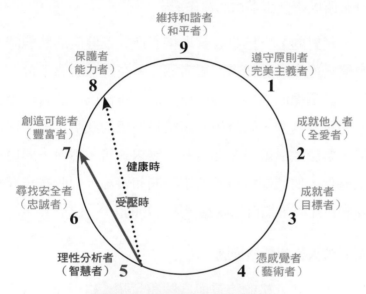

型號 5	理智型
自我形象	我很聰明、我有知識
形　　式	觀察分析
逃　　避	空虛
防衛機制	劃清界線、分清你我
偏　　情	偏激抽離、少情緒
受壓趨向	→ 7
健康趨向	→ 8
佔 有 率	少
相似類型	1, 3, 9

當第五號人格者處在健康的狀態時，他們的知覺會變得極度敏銳，同時會發揮極強的專注力以及分析能力。喜歡學習的他們，會將這樣的能力用在追求知識上，因此理性的他們也會試著探尋新的觀念與方式，在探索知識的過程當中，發掘出原創性的概念或技術。雖然他們重視隱私，但健康狀態下第五號人格者明白自己是世界的一部分，所以會參與事物的運作。

相對的，一旦第五號人格者進入不健康的狀態時，就會變得過度看重知識而思考過度。在這種狀態下會更加凸顯他們獨處的性格，因此會更加抽離自己，讓自己躲在內心的世界當中，同時也會忽略對周遭的感受，開始逃避人群，對於生活就只要滿足基本需求即可。然而，即便物質欲望低，他們卻會貪於追求時間和資源，同時瘋狂尋求知識和技能，生怕自己成為一無所知的人。

2. 第五號人格的情緒變動

第五號人格的特質與八號和七號人格相連。當第五號人格者處在自在的狀態時，他們會進入第八號人格的特質，發揮出強大的洞察與理解能力，將這些能力實地應用在現實生活中，希望能夠透過發揮自己的能力幫助他人解決問題以保護他人，而在他們覺得自己準備好了，也就是獲得想要的知識時，就會站出來發揮領導能力。而他們發揮領導能力的目的，除了實現自我之外，另一個目的則是幫助二號人格者。

　　然而，第五號人格者一旦受到過度壓力時，會轉變成第七號人格。他們會花更多時間追尋知識，如同第七號人格者會不斷嘗試各種事物，第五號人格者遇到強大壓力時也會盲目追求一些感官上的刺激與體驗，以便於擺脫內心的疏離感。但即使受壓的第五號人格者是如此投注在各種感官上的刺激和體驗，他們會像第七號人格一般無法專心在正進行的事情上，而是會不斷變換體驗的事物。

（二）代表人物

　　第五號人格者對於追求理解事實真相具備高度熱誠，想要理解宇宙萬物運作的真理的欲望，讓他們容易成為科學家，同時也將大多數時間跟事業重心放在研究上，而他們的研究也會為人們帶來奉獻，發現相對論的偉大科學家阿爾伯特‧愛因斯坦就是典型的第五號人格者。愛因斯坦兒時因為父親送的指南針，開始對科學產生興趣，之後熱衷於研究，還因為研究光電效應獲得諾貝爾物理獎。

　　如果就一頭探究科學知識，並且致力於發明的科學家來說，為現代無線通信技術立下基礎，同樣天資聰穎的尼古拉‧特斯拉也可名列第五號人格者。特斯拉為人所知的除了與湯瑪斯‧阿爾瓦‧愛迪生之間的交流電與直流電之爭外，他窮其一生都投注在發明上，一生發明的作品高達一千多件，光是一年就有二十多件發明問世，其影響力之大，不只連伊隆‧馬斯克的電動車公司都以特斯拉為名，甚至特斯拉還早在 1926 年就預言智慧型手機的問世。

　　若以小說、影劇或其他文本來看，這種天生就絕頂聰明而且善於思考的人，以《瑯琊榜》主角，名列瑯琊才子榜榜首的「江左梅郎」梅長蘇，還有金庸小說《天龍八部》中隱居在少林寺藏經閣的少林掃地僧為代表人物。

　　梅長蘇的形象與第五號人格很吻合。本名為林殊的他所屬的赤焰軍中計而全軍覆沒，同時身中火寒奇毒，卻奇蹟似的活了下來。之後梅長蘇發揮聰明才智，不僅成為江左盟盟主以及瑯琊才子榜榜首，還化名蘇哲回到梁朝帝都扶助靖王蕭景琰上位，之後還重返沙場，帶領梁朝兵馬打敗大渝國。梅長蘇除武藝外樣樣精通，而在這段歷程當中，總能發揮一己長才。

　　另一個符合第五號人格形象的少林寺藏經閣掃地僧，四十年前就已隱居在少林寺藏經閣的他，不僅武功高深莫測，對上喬峰和慕容復，能將他們發出的強大掌勁化消掉，同時他也擁有非常豐富的武學知識，可以看穿鳩摩智為了通曉少林絕技而學逍遙派小無相功以作為根柢，又曾提點蕭遠山和慕容博身上的隱疾，是因為在佛法修為不足的狀況下強練少林絕學。由上面種種事蹟來看，足見這位沒有名號的掃地僧是如何博學多聞且深藏不露。

六、第六號人格：尋找安全者

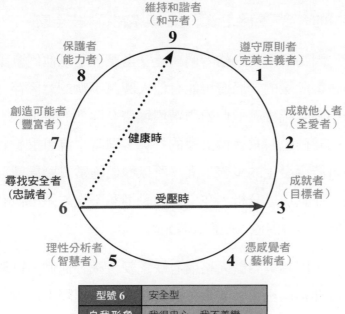

型號 6	安全型
自我形象	我很忠心、我不善變
形　式	安全謹慎
逃　避	成就
防衛機制	投射
偏　情	感覺性分析、恐懼焦慮
受壓趨向	→ 3
健康趨向	→ 9
佔有率	多
相似類型	2, 4, 9

（一）第六號人格分析

1. 第六號人格特質

　　第六號人格者對於他人以至於自己的想法是九種人格當中最忠誠的，而且這種忠誠的態度不會因為外在條件變

動而發生任何改變。然而，這種忠誠背後來自於一種強烈的不安全感，所以如同第六號人格者另一稱呼「尋找安全者」的命名，顧名思義，他們就是在尋求安全感。

因為第六號人格者們缺乏安全感，所以他們會認為世界是很危險的，周遭可能有他人圖謀不軌的意圖存在。這份不安全感會讓他們對周遭環境帶有強烈的警戒心，在做事的時候也時常會做最壞的打算，同時也會將重心放在想像可能會發生的災害上面，所以他們經常質疑周遭環境狀況，並且加以分析。在這樣的恐懼和不安之下，他們內心深處渴望得到他人欣賞和肯定。

正因為第六號人格內心缺乏安全感，他們對待權威的態度非常兩極化，雖然會依附權威，但實際上卻也質疑與反抗權威，因為他們會依附與遵從權威的意見，實際上也只是彌補自己內在的不安全感。無論他們面對權威選擇哪一條路，都不會當領導人，也不想要立下成就，因為他們只希望能夠追隨在強者身旁，平凡度過一生，而不喜歡強出頭。

就健康程度來說，健康的第六號人格者具備高度危機意識，抱持著強烈的警覺心，因此做事情會較為謹慎。具備高度忠誠也讓他們做事有責任心，同時也重視團隊精神，並且抱持著「成功不必在我」的態度，對於成功不會過度執著。在這種狀態之下的他們，會主動協助團體當中表現比較差的人。

如果第六號人格者處在一種不健康的狀態，內在的恐懼反而會讓他們變得多疑且缺乏自信，在這種狀況下做事就會變得保守且拖延，而且容易在這過程當中產生負面思維，會將問題誇大化，同時認為世界處處充滿危險。常常只想而不去實踐，讓第六號人格者越來越沒有自信，也需要凡事都詢問他人意見尋求肯定。

2. 第六號人格的情緒變動

第六號人格者內在有強烈的恐懼，這種恐懼帶來的不安全感會讓他們試圖建構一套安全系統以保護自己，在這過程當中會產生強大壓力，一旦這種壓力超過負荷，第六號人格就會轉為第三號人格，會努力做事情，並且將自己塑造為同儕所一致認同的形象，目的在於獲得大家的認同，同時，為了掩飾內在那脆弱不堪的自己，受壓的他們會把自己武裝起來，但實際上他們會一直思考，直到事情到了緊要關頭才會去做。

要讓第六號人格者從受壓側轉為舒適側，關鍵在於對自己以至於內心深處那份恐懼的認識。當他們開始認識自己，擺脫內心恐懼找回自信的時候，就會從第六號人格轉為第九號人格。而要認清自己的恐懼，第六號人格可以體驗自己身體的感知狀態，而因為第六號人格不同於第九號人格的「身中心」特質，所以在感知過程當中可能會使內在的焦慮感更加強烈。

然而，如果第六號人格者真正可以做到關注自己身體的感知能力，他們就可以開始認知到自己和周遭以至於世界上的人是一體的，進而使內在平衡，並且產生勇氣以及包容心，形成類似於第九型人格的平衡狀態，同時也會開始了解到，其實他們所追尋的支持和認同，其實就近在眼前。

(二) 代表人物

第六號人格重視安全不喜與人爭，對權威展現忠誠，除非極端憤怒不會刻意反抗權威的特質，要說具體的代表人物的話，就是像兵馬俑那樣會聽命於人且忠心耿耿的士兵，或者是凡事按部就班，按照上面指示做事的公務員或官員等等，他們往往不會違抗上面交代的命令，而是將他們的要求全盤接受且完成。

如果要給予第六號人格一個形象，螞蟻是最典型的形象。牠們終身侍奉蟻后，將搬運來的食物給蟻后幫助牠繁衍後代，除了對蟻后忠心耿耿而且勤奮之外，螞蟻們也會通力合作，一起將比自己體積還要大上好幾倍的食物搬回蟻窩，所以這就是為什麼我們常會看到螞蟻們在秋天來臨時，成群結隊搬運食物。

七、第七號人格：創造可能者

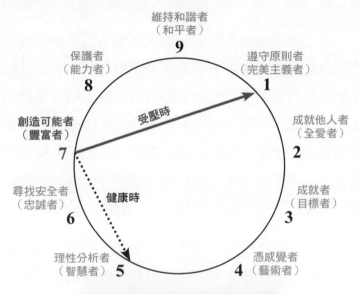

型號 7	豐富型
自我形象	我很快樂、我很樂觀
形　式	理想主義
逃　避	痛苦
防衛機制	昇華、合理化
偏　情	創造、放縱、愛笑、幽默
受壓趨向	→1
健康趨向	→5
佔有率	少
相似類型	1, 3, 5

(一) 第七號人格分析

1. 第七號人格特質

　　隸屬於第七號人格「創造可能者」的人天生樂觀，經常設想自己做事會有好結果，散發出強烈的正能量。也正因為這份樂觀，所以他們看起來無憂無慮，身上的正能量

也能夠影響並帶動其他人。他們不害怕接觸人群，試圖以個人魅力讓周圍的人卸下心防，並且讓整體的氛圍提升。

第七號人格者是重視愉悅人生體驗的享樂主義者，他們認為世界上充滿許多刺激且值得體驗的事物，這份刺激感便是他們做事情的動力。因為第七號人格者重視愉悅的感受而不喜歡沉悶，所以他們會一次同時做很多事情。也正因為他們相信生活有無限可能，也喜歡嘗試不同的體驗，因此喜歡保持多種開放性的選擇，習慣於在做事情時帶有備案，以便消除不悅的感受，增進生活樂趣。

另外，身為理想主義者的第七號人格者，對於快樂也有一套自己的詮釋方式。所以他們會躲避痛苦，或者將痛苦以至於不順心的事用豐富的想像力做另外一套詮釋，舉例來說，義大利電影《美麗人生》的猶太父親不忍心自己的五歲兒子在集中營中受到驚嚇，所以透過遊戲的方式讓愛子適應被囚禁的生活。另外，不喜歡痛苦的第七號人格者，也會透過看喜劇來將痛苦合理化。

也正因為第七號人格者是如此樂觀且積極，他們言行舉止動作豐富且誇張，而且常常會有坐立難安的情形，講話速度也比一般人還快，在腦袋中經常有許多想法在跑的狀況下，他們習慣跳躍性的思考，也因此說話容易偏離原本的話題。雖然思考容易跳針，卻也讓他們有在看似對立的看法當中找到正確關聯的可能性，進而引發具備創造力的解決方式。

就心理健康程度來說，善於活絡氣氛和富有創意的第七號人格者，他們具備高度的抗挫折能力，而且擁有廣泛興趣，且懂得如何制定計畫，因此在心理健康的狀況下，他們是非常優秀的廣告公關人員；但是在心理狀態不健康的狀態下，他們會逃避責任，缺乏耐性且無法承受痛苦，而在更極端的狀況下，會透過虐待甚至殺人來追求破壞的快感。

2. 第七號人格的情緒變動

第七號人格者雖然情緒高昂，心情處在一個不穩定的狀態，然而，在將高度活躍的心沉澱下來，接納內心那份焦慮感之後，他們會開始走向第五號人格「理性分析者」，開始專注於周遭人事物的觀察和體驗，收集各種不同資訊以至於閱讀，並且從中發掘出奇妙之處，找到真正的價值所在，如此一來，窩在他們心中的問題便得以解決，同時他們所做的事情也更容易為他人所接受和理解。

相對的，在面對壓力時，第七號人格者會試圖限制自己的行為，強迫自己專注在某件事情上並且堅持下去，在這種狀態下，他們雖然和走入第五號人格狀態時類似，愉悅的姿態會消失，轉而成為沒有笑容的表情，差別在於在承受壓力狀態下的第七號人格者是處在一個焦慮的狀態，因此一旦無法承受那些自我限制時，就會出現極端散漫和極端僵化的狀態。

因此，要充分發揮出七號人格的特質，需要讓他們能夠安靜審視並接納自己內心，如此一來他們才能夠更加投入在生活體驗當中，以創造出更多樂趣來娛樂自己和周遭的人們。

（二）代表人物

1. 機伶天賦幫助第七號人格者發光

第七號人格具備天生的喜感，最典型的例子就是知名綜藝節目主持人吳宗憲。他的搞笑是渾然天成的，與周星馳或是金凱瑞這種第一號人格者的喜劇是透過刻意演出來的不同。與吳宗憲同樣類型的人還有資深藝人張小燕，他們除了有搞笑的天賦之外，機靈反應也讓他們的舞台表現增加不少分，所以他們主持的節目常常有許多觀眾支持。

然而，無論是張小燕或吳宗憲，一旦他們走向第五號人格的時候，就會靜下心來吸收各種知識，讓自己能夠在螢光幕上呈現出最能帶給觀眾娛樂的自己。張小燕也曾經透露，在不主持節目的時候，私底下就會花時間充實自己，讓自己在主持節目時能夠有更好的表現。所以這些第七型人格的知名藝人能夠在演藝圈站穩腳步，並不是單純只靠自己的搞笑天賦。

若以虛構人物來說，與張小燕和吳宗憲兩人同樣機靈且態度樂觀的人，首推《射鵰英雄傳》的黃蓉。原先丐幫幫主洪七公不願意傳授郭靖「降龍十八掌」，但是善廚藝

的黃蓉懂得投洪七公之所好，做了洪七公喜歡吃的菜給他吃，之後再略施小計，終於讓他點頭，將這套丐幫絕學傳授給郭靖。而黃蓉的聰穎和機伶也是日後能夠接下洪七公的棒子，成為新一任丐幫幫主的原因。

金庸筆下人物與黃蓉同樣機伶的角色，首推《鹿鼎記》主角韋小寶。雖然韋小寶武功並不出色，但是憑靠著機智周旋在各方之間，即使遇到各種危機，總是能夠化險為夷，甚至還深得康熙皇帝的賞識，即使出身自妓女戶不識字，喜歡看戲的他，也經常能夠從戲中學到一些知識。韋小寶類似於《百戰天龍》主角馬蓋先不靠武力，靠機智解決問題，讓讀者印象深刻。

2. 對社會好或壞一線之隔

前述幾位代表人物都是處在健康狀態之下，發揮出第七號人格的正向特質。然而，如果在不健康的狀態之下，第七號人格特質反而會轉為追求破壞的快感。代表性人物正是 DC 知名作品《蝙蝠俠》系列中蝙蝠俠的死對頭「小丑」。無論是漫畫、電視還是電影，我們所看到的小丑是極端的反社會人格，雖然不以武力見長，但是小丑的狡詐和聰明，往往讓蝙蝠俠需要吃不少苦頭才能將他制伏。所以，具體來說，第七號人格者在健康狀態下是韋小寶，反之，在不健康的狀態下則會變成小丑。

八、第八號人格：保護者

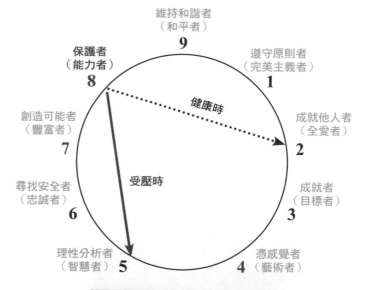

型號 8	保護型
自我形象	我有志氣、我有能力
形　　式	公平正義
逃　　避	柔弱
防衛機制	否認自己的弱點
偏　　情	高調、自信、傲骨
受壓趨向	→ 5
健康趨向	→ 2
佔有率	少
相似類型	2, 3

（一）第八號人格分析

1. 第八號人格特質

　　第八號人格者如同其名「保護者」，擁有強烈的正義感，自認為是正義的使者，面對逆境時會挺身而出保護他人，也以能夠為弱小的人站出來為其提供庇護而感到光

榮，他們為人群，也「以國家興亡為己任」，頗有「先天下之憂而憂，後天下之樂而樂」，這種保護者角色的背後除了正義感，也來自於他們強烈的自信心，以及對能力的看重。

因為他們擁有強烈自信心，所以具備強大的正能量，甚至是九型人格當中能量最高的，所以這極高的正能量讓他們具備強大的影響力，即使他們不如第三號人格般高調，卻能在舉手投足間發揮魅力以至於領導力。因為他們重視能力，所以深信能力強的人會受到他人所尊敬，因此會不吝於展現出自己的與生俱來的能力，學會保護自己之餘也保護他人。

正因為第八號人格者富有正義感，在健康狀態之下，他們對人真誠坦率且重情重義，天生嫉惡如仇的性格也讓他們不怕與他人產生衝突，高度的正能量除了讓他們富有領袖氣質和影響力，有助於交友之外，也讓他們有強烈的衝勁去開拓新局面，所以我們看到許多創業家都屬於第八號人格，對於自己的事業充滿熱誠，完全不知道什麼是疲倦，但是因為以大局為重，他們也不會過度執著於權位。

相對的，若處在不健康的狀態下，第八號人格這種充滿幹勁的性格反而會讓他們變得盲目自大且專制獨裁，容易行事衝動而做出思慮不周的事情，不僅如此，也會過度追求刺激，沉溺於性生活或美食當中。他們會因為出於正義而感到義憤填膺，一旦過頭便會無法抑制自己的憤怒，在憤怒的情緒之下，他們往往無法真正看見自己內心的想法。

因此，要導正第八號人格者的不健康狀態，首要之務就是讓他們能夠真誠面對與接納自己，一旦發現真正的自己，第八號人格者便能將天生的領導者特質發揮到淋漓盡致，並且為世人帶來貢獻。

2. 第八號人格的情緒變動

第八號人格者「先天下之憂而憂」的性格，會讓他們將責任扛在自己身上，如果過度攬下重擔，就會跑到第五號人的特質，把時間投入在閱讀、沉思和收集資料等吸取知識的行為上面，此時他們的性格會變得很冷淡，與平常充滿幹勁的態度截然不同，所以他們會無視於自己的健康狀況，因而出現失眠等症狀。滿腔熱血的正義感如果無法宣洩，會讓第八號人格者變得憤世嫉俗，瞧不起不同的立場和價值觀，同時也會害怕他人離開自己。

然而，如果他們能夠真正看到自己的內心，理解到自己其實天生就樂於助人，他們就會轉為第二號人格。要做到這一點必須勇敢面對自己，接納自己內在受傷的小孩，了解到保護是來自於害怕內心小孩受傷，同時放下出自於恐懼而想掌握一切的假象，他們可以大幅提升自己的信任感，同時也尊重他人，具備英雄氣概，成為好的領導者，放下原有的個人想法為了世界而努力。在這樣的狀態下，第八號人格者會樂於成就他人成功。

（二）代表人物

第八號人格者與第三號人格者相同，天生擁有相當高的領導能力，但是前者出面擔任領導者的動機來自於其自認對國家擁有很大的責任，也因此第八號人格對權力並不像第三號人格者一般執著。最典型的例子就是諸葛亮與孫中山。諸葛亮在劉備逝世後全力輔佐劉禪執政，即使劉備曾說過，如果劉禪無治國之才，諸葛亮可以取而代之，但諸葛亮並未趁勢奪取蜀國統治權。孫中山在中華民國成立後，也同樣為了大局辭去臨時大總統職位，讓袁世凱擔任大總統。

對權位不甚看重也影響身為第八號人格者的領導人對功臣的態度。趙匡胤雖然在陳橋兵變後建立北宋，不同於劉邦或朱元璋即位後大殺功臣，對於當時權傾一方的開國功臣們，趙匡胤並未誅殺他們，而是透過與開國功臣們酒宴的機會，在言談之間暗示這些開國功臣們交出兵權，這就是歷史上有名的「杯酒釋兵權」，也因為這個舉動，趙匡胤不僅實質掌有權力，同時還能保有大臣們的信任。

符合第八號人格的領導者，希特勒和拿破崙可說是典型的例子。以希特勒來說，在德國因第一次世界大戰戰敗而國力衰弱，他念茲在茲的是讓德國重新強盛，經過他的重整，雖然引發第二次世界大戰，在他的引領下，德國即使第二次世界大戰戰敗，仍在數十年間恢復元氣成為世界強權。拿破崙取得法國政權之後，開疆拓土提振法國實力，雖然慘遭滑鐵盧，仍讓法國躋身列強之林。

除了政治圈，在商場上具備第八號人格的領導者還有已故的前裕隆集團董事長嚴凱泰和台積電創辦人張忠謀。嚴凱泰秉持父親嚴慶齡「要為台灣汽車工業裝上輪子」的心願，創立「納智捷」品牌，同時將權力下放給部屬而不直接干預；張忠謀則是為了台灣半導體業的發展，甘願放棄美國的高薪工作返台，與工研院和荷蘭飛利浦公司一手催生台積電，為台灣科技產業帶來貢獻。

若要說文藝作品的第八號人格典型人物，有《天龍八部》主角之一的喬峰和漫威知名漫畫人物「美國隊長」。喬峰不僅武功高強，率領丐幫協助北宋與契丹對戰八年，為人豪爽直率也讓他廣交天下英雄豪傑。即使因緣際會重返遼國成為南院大王，喬峰被迫攻打北宋時選擇自盡以求忠孝兩全。「美國隊長」史蒂夫・羅傑斯為了美國自願成為超級士兵，為了保護世界挺身而出參與復仇者聯盟。他們同樣都有豪爽的個性，充分展現第八號人格的特質。

九、第九號人格：維持和諧者

（一）第九號人格分析

1. 第九號人格特質

雖然與第一號和第八號人格同屬「身中心」，第九號人格反而與第二號和第六號人格相似，不會表現出太大的情緒，因此，他們會努力尋求讓自己的內在與外在平和共處，並且讓自己的理性與感性處在一個平衡的狀態。他們

非常關注自己和宇宙間的關係，同時也尋求宇宙萬物的和諧。但他們不單只專注在精神世界，也會關切物質世界並且身體力行，以便尋求和諧以至於身心靈三方面的成就。

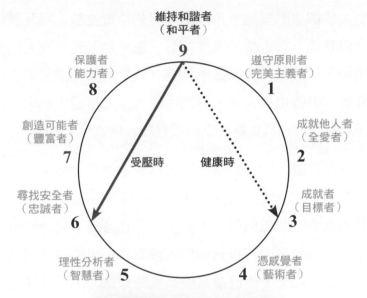

型號9	和諧型
自我形象	我很和諧、我很隨和
形　　式	屈尊就卑
逃　　避	衝突
防衛機制	麻醉自己
偏　　情	和平、少情緒、惰性
受壓趨向	→ 6
健康趨向	→ 3
佔有率	多
相似類型	1, 2, 4, 6

　　正因為第九號人格者重視和諧，因此對待他人同樣也尋求和諧。他們會避免與他人產生衝突，同時也會依據狀況改變自己的立場，也不會拒絕別人，以便保護自己和他

人之間和諧的關係。重視和諧的他們，在知道宇宙真相的狀況下，對待他人也會保持謙卑而不會顯得自己高傲。

因為處在九型人格圖頂端，有人認為第九號人格是九型人格圖中的皇冠，也因為所處的位置之故，第九號人格具備其他八型人格的某些特質，像是第二號為他人的奉獻精神、第八號勇於承擔的性格，或是第六號重視安全的特質等。但是相對來說，他們也是九型人格當中最沒有自我認同感，沒有真正屬於自己感覺的人格類型。

在健康狀態下的第九號人格者重視環境與人際關係的整體性，因此使他們內在與外在之間取得協調，不只展現隨和且富親和力的個性，而且也能在各種不同的環境下生存；重視和諧的特質讓他們善解人意，也懂得如何調解衝突；不僅如此，他們還具備高度的想像力，所以能夠展現出富有創意的想法，並且懂得如何找到靈感。

相對的，在不健康狀態下的第九號人格者會擔心現實得讓他們面對問題，因此會否定問題的存在，沉迷於小確幸或是愛的替代品，甚至躲進自己的內心世界中自我麻醉；逃避現實讓他們變得優柔寡斷且不夠主動積極，也導致缺少自我規劃的能力，將雜務等次要事務和重要事務混在一起，無法區分優先順序，導致時間越多完成的事情反而越少。

2. 第九號人格的情緒變動

第九號人格者在受到過度壓力的時候，會從第九號人格轉為第六號人格，尋求生活上的安全感。在這種狀態下，他們會發現因為自己的消極而不作為的態度，在生活中遇到的衝突以及課題會一直存在。面對這種狀況，他們可能不得不接受事實，選擇去面對他們遇到的衝突和課題，同時也有可能會更加固執於想要維持眼前那美好的幻象，而逃避現實以追求安全感。

若在內心狀態自在的時候，第九號人格者會轉為第三號人格。他們會致力於發展自身的潛能，重視個人價值的提升，透過修行來達到成就以至於自我實現。而他們的目的在於透過了解自己以至於發掘自己的特質，讓其達到最高境界，這出發點是為了自己，所以他們會專注在成就和諧上面，以求活出自己的最高版本。然而，相對的，第九號人格者號這種心態帶來的自我實現動力，也就不如第八號和第一號人格。而這樣的轉向讓第九號人格思想偏向於道家和影響日本哲學觀與生活甚深的禪宗。

(二) 代表人物

第九號人格的代表人物具備和諧的特質，而且達到人與宇宙之間和諧的最高境界。其中的代表性人物之一便是第十四世達賴喇嘛。當達賴喇嘛於 2011 年開始改變原先的政教合一體制，將政權交予民選的行政中央後便減少碰觸有關西藏政治的議題，逐漸將重心投入在宣揚藏傳佛教以及與其他宗教的交

流。達賴喇嘛將焦點放在科學與佛教的關係上，認為佛教與科學之間並不全然涇渭分明，這樣的觀點多少也與第九號人格關注人和宇宙的和諧關係相呼應。

由於位列九型人格圖的頂點，第九號人格者也具備第八號人格的特質，也就是所謂的九八人格。以電影《駭客任務》系列的主角尼歐來說，他為了對抗由電腦程式支配人類的虛擬世界母體，帶領現實世界的人們挺身而出，展現出第八號人格無私為了大局設想的人格特質，而在平時則是鍛鍊自己的心性，力求達到合乎救世主身分的最高境界。

Chapter
03

The Enneagram

九型芳華，鑑古知來

九型人格相應
建築分析

遵守原則者：古典主義建築、伊斯蘭建築、天主教建築

一、以人為本講求完美的古典主義

　　第一號人格重視完美的特質，體現在古希臘以至於古羅馬時期的古典主義建築當中。古希臘時代的柱式（Order）建築具備嚴謹的設計邏輯，無論是端莊典雅的愛奧尼克柱式（Ionic Order）建築、雄渾有力的多力克柱式（Doric Order）建築或是富麗堂皇的科林斯柱式（Corinthian Order）建築，這三種柱式的建築物都力求軸線以至於幾何對稱，並且內部空間配置也是井然有序，以便達到最佳的建築結構。

　　古希臘重視完美均衡的建築形式，與古希臘人崇尚人體之美，認為人體比例是最完美的比例有關，因此無論是雕刻或是建築都以人和人體美為根本。因此，要說古希臘建築風格與人息息相關絕不為過。這樣的建築思維，在希臘從早期城邦社會進展到亞歷山大大帝建立橫跨歐亞非三洲的帝國之後蔚為主流，也影響羅馬時代甚至後世的建築風格。

　　雖然羅馬時代的人較務實，具強烈邏輯概念，重視的是生活周遭事物的和諧，與希臘時代人思維上偏向理想主義略有不同，這個時代的建築不僅繼承希臘式建築特色，還在古希臘三種柱式建築上進一步發展出類似多力克但更簡潔的塔斯干柱

式，還有以科林斯為基礎搭配愛奧尼克裝飾點綴的組合柱式，並且發展出拱型建築式樣，發展成帝國之後，更是展現規模和雄偉氣勢的建築風格。

二、有古典主義影子的伊斯蘭建築

除了古典時期建築風格之外，伊斯蘭建築也擁有第一號人格的特質。雖然伊斯蘭建築看似與其他建築風格無關而自成一格，事實上，伊斯蘭教的發源地處於東方與地中海世界之間，且伊斯蘭教的主要信仰地區過去也有不少地方曾是古希臘或古羅馬帝國的領土，早期伊斯蘭不少建築是以西方教會建築為基礎打造的，因此包含古典時期重視比例和對稱的建築風格。

從作為伊斯蘭建築象徵的清真寺當中，我們可以看到古典主義的遺緒。舉例來說，代表歷代伊斯蘭世界統治者權力象徵的多柱式清真寺，在矩形基地周圍蓋厚牆，無論是寺中禮拜室或前方矩形的中庭都是柱子對稱式林立其中的建築形式，還有將古羅馬時代廣為運用的半圓拱衍生出多瓣形、尖頭等拱形樣式，都可以看出伊斯蘭建築中古典時期建築形式的影子。

三、第一號人格代表建築的具體呈現

希臘時代的典型古典建築之一，是西元前 447 年所打造，在雅典抵抗波斯戰火中浴火重生的帕德嫩神殿（The Parthenon）。當時雅典人的首領伯里克利（Pericles）希望能讓

世人理解雅典這座城市的意義，要求神殿擁有完美的比例和裝飾設計。因此，當時希臘著名的雕刻家菲迪亞斯（Phidias）在設計神殿時，不只精密計算其整體高度和寬度，像是在階梯高度、屋頂傾斜度以至於柱子之間的間隔等細節的比例都毫不含糊，讓神殿得以達到完美的平衡。

雅典帕德嫩神殿

資料來源：Steve Swayne，取自維基共享資源。

繼承希臘建築風格的羅馬時代同樣也有具時代象徵意義的建築，也就是坐落於羅馬市中心，相傳由哈德良大帝（emperor Hadrian）親自設計的萬神殿（Pantheon），雖然沒有像帕德嫩神殿一般精緻，但擁有浩大且完美的圓頂。不僅神廟，羅馬人的務實精神讓廣場、競技場以至於浴場等公共設施建築甚至整個城市設計，都有比例對稱且壯麗的特質。

萬神殿

資料來源：Thomas.TI，取自維基共享資源。

　　若以伊斯蘭建築風格來說，由於曾先後建立薩法維、鄂圖曼和蒙兀兒帝國，甚至這些帝國還同時存在，因此伊斯蘭建築風格除了古希臘羅馬建築風格之外，在拓展版圖之餘也吸收不少其他地區以至於宗教的建築風格，從而呈現出獨特的建築文化。讓人印象最深刻的伊斯蘭建築之一——泰姬瑪哈陵，因為是在蒙兀兒帝國時期所建造，而蒙兀兒帝國位處印度，所以建築上也融匯波斯和印度的建築風格，像是洋蔥式圓頂、多瓣形拱等建築設計，但是也可以看到對稱的柱式建築。

泰姬瑪哈陵

資料來源：David Castor，取自維基共享資源。

　　巧合的是，無論是古典主義還是伊斯蘭建築其實都有地緣
關係，發跡位置都位在地中海一帶。古希臘羅馬重視和諧和完
美的古典主義建築風格深深影響後世的建築風格，而伊斯蘭風
格建築今日在信奉伊斯蘭教的國家和地區仍有其崇高的地位存
在。

第二節

成就他人者：佛教建築

一、因地制宜的佛教建築

　　第二號人格樂於助人，處處為他人著想的入世性格，與佛
教的「無我利他」甚至是「同體大悲」的境界不謀而合。不只
在教義的實踐上，在建築方面也可以看出佛教與第二號人格之
間相通的地方。如果說，「人飢己飢，人溺己溺」的助人精神

是第二號人格在佛教上的體現，入境隨俗，因應不同地方而產生多種形貌則是第二號人格在佛教建築上的實踐。

如果觀察基督教、天主教和伊斯蘭教建築，可以發現不管在哪個國家，這些宗教的建築都有一些共通點甚至標準，即使有細微差異，我們還是可以一眼分辨哪些建築是基督教、天主教和伊斯蘭教建築。然而，若觀察世界各地的佛教建築，東亞、東南亞以至於南亞等佛教發展相對比較旺盛的地區，他們的佛教建築實際上並沒有一定的標準，而是因地制宜，吸納當地的文化加以發展。

事實上，最原始的佛教並沒有界定什麼是「佛教建築」。佛教認為眾生皆平等，他們接受信眾供養也佈施給其他人，過去佛陀帶領弟子們傳教時，他們遊走化緣於四方，經常在樹下或洞內修行，遇到天熱或雨季時借住信眾家，這種居無定所隨遇而安的特性，讓他們不需要固定居所，直到後來才有供僧侶在雨季或夏季時安居講法的精舍，但建築相對於其他宗教來說也偏簡潔。

之後，佛教傳到東亞和東南亞地區，融入了當地建築的特色。以中國來說，原先印度的宮塔式四方型，外部有千層佛龕的建築，到了中國之後，受到中國傳統建築風格影響，演化成佛塔為中心的「樓塔」式佛寺，之後更進一步變成佛殿為中心的「廊院」式建築。佛寺的稱呼，也從早期的「浮屠」或「伽藍」，轉為「寺」和「寺院」等稱呼，在選址上也參雜中國傳統的風水思想。

在印度以外開枝散葉的佛教擁有不同形貌。佛教在唐代傳入日本，其建築形式也同樣因地制宜，與中國的佛教建築形式已有些許差別。而佛教傳到東南亞如泰國或緬甸等地，形成上座部佛教（Theravada Buddhism），或是傳到西藏一帶，成為今天的藏傳佛教，其建築形式與中國佛教更是大相逕庭。隨著世界各地不同形式佛教傳入台灣，我們更可以感受到各國佛教建築之間的差異，為了傳教而因地制宜，讓佛教建築在世界各國呈現不同形貌。

二、第二號人格代表建築的具體呈現

如同前面所提到的，佛教建築因地制宜，在不同地區，甚至受到不同文化影響，呈現出不同的建築形式。因為佛教有許多教派，其建築形式沒有一定的標準，要舉代表性建築，中國式佛教由於融入部分道教以至於風水等思想，相較於上座部佛教或藏傳佛教，華人地區較為熟悉，且影響範圍甚至遍及整個東亞地區，因此從中國式佛教建築來舉例比較有帶入感與熟悉感。

佛教剛傳入中國時，其建築布局延續印度佛寺的特性，以佛塔為整座寺院的主體與布局中心，舉例來說，以供奉釋迦摩尼佛佛指舍利聞名，位在陝西省扶風縣的「法門寺」，或是位在浙江省杭州市西湖南岸淨慈寺前，同樣也為供奉釋迦摩尼佛螺髻髮舍利而建造，因《白蛇傳》而聞名的「雷峰塔」就是典型以佛塔為中心的佛寺建築，此時仍帶有深厚的印度佛教風格。

法門寺

資料來源：G41rn8，取自維基共享資源。

到了唐朝，以禪宗為重心的福建佛寺開始發展，至宋朝時達到高峰，福建佛教與當地宗教信仰交融而世俗化，而這段時期的佛寺也開始從過去以佛塔為寺院中心，逐漸開始轉為以佛殿為中心，天王殿、大雄寶殿與法堂（或觀音殿）位於佛寺的中軸線上，佛塔雖然還存在，但已逐漸開始轉為附屬地位，這種設計形式也影響到後世的佛寺建築。

不只佛寺的建築格局出現轉變，傳統中國式佛教建築也逐漸不侷限於建於平地之上，不管在哪種地形上都可以看到佛寺的蹤跡，如山西渾源縣城附近離地約五十公尺高的懸崖上建立

的「懸空寺」、五台山上的「塔院寺」，在佛教世俗化之後，為了利於宣揚佛教，我們甚至可以在城市當中看到寺廟的設置，而這些寺廟甚至還逐漸擺脫傳統中國式雕梁畫棟等設計，而是導入現代建築風格，如慈濟位在花蓮的總部「靜思精舍」即是一例。

因此，佛教擺脫與世隔絕獨自修行的出世精神，轉為世俗化的入世精神，象徵著第二號人格的體現，我們在佛教建築上可以深刻體會這種風格。

靜思精舍

資料來源：Ryan Ho @ pastwind，取自維基共享資源。

成就者：巴洛克主義／裝飾主義

一、典雅大氣的巴洛克式建築

第三號人格的特質在於將自身最搶眼的一面展現出來，而這點也與從 17 世紀起開始盛行的巴洛克式建築相呼應。巴洛克式建築的誕生，來自於當時的羅馬教廷為了與新教分庭抗禮，並且向世人宣示天主教威儀以吸引信眾，因此希望建築具備動感且氣派的特質，以便激發人們的情感並且引信眾，因此這個建築風格可說是充分展現天主教的氣派。

說起巴洛克式建築，其特色為裝飾且配色華麗，使用大量貴重材料以炫富；追求各種建築手法上的創新，建築風格更為動態，傳統結構邏輯在巴洛克式建築上不復見。巴洛克式建築不只富麗堂皇，而且莊嚴隆重與歡樂氣氛兩種看似不同的風格同時並存著，因此反映出嚮往自由的世俗化思想。

在建築物的具體呈現上來說，多數巴洛克式建築都有布滿著渦卷紋裝飾以至於動物雕刻的蔥圓頂，不只蔥圓頂，建築物的門、窗、柱、牆壁及樓梯的欄杆等，也會有各種不同的雕刻和裝飾加以點綴，這些裝飾和雕刻塗上鮮豔的色彩，還有運用像是大理石、黃金、銅、寶石以至於象牙等材質加以點綴，盡可能顯現建築的富麗堂皇，而這種極端氣派的建築風格，吸引許多人並產生某些遐想。

　　巴洛克式建築的氣派也呈現在室內空間上，不只氣派且顏色亮麗的天頂畫和牆面交匯處的雕塑融為一體，整個內部空間也呈現出整體感，光線射入穹頂的角度經過精密計算，刻意射到某些人物雕像的細節，讓其充分凸顯出來，讓來訪者不管站在哪個位置，都能將整個空間一望無遺，充分體驗到這帶有大型劇場建築風格的氣派恢弘，甚至為此吸引而接觸天主教。

二、第三號人格代表建築的具體呈現

聖彼得大教堂

資料來源：user: Flicka，取自維基共享資源。

　　巴洛克式建築來自於羅馬教廷權威的體現，背後需要高度知識以及龐大財富做支撐，因此教會和王室是這種類型建築的主要資助者。因此要說最具代表性的巴洛克式建築，以教會來說，作為羅馬教廷權威核心的羅馬聖彼得大教堂是典型的例子，以世俗王權的展現來說，則是法國的凡爾賽宮等。

　　聖彼得大教堂原先屬於文藝復興風格，為了展現羅馬教廷的威儀而進行擴建，除了知名藝術家米開朗基羅設計的圓頂，建築師馬代爾諾還將原先的希臘十字形靜謐集中式教堂擴建中殿、側廊與正殿為拉丁十字形，使聖彼得大教堂成為天主教世界最大教堂，加上建築師貝尼尼建造的巴洛克式橢圓形廣場，更讓聖彼得大教堂成為羅馬的城市地標。

　　除了教堂之外，巴洛克時期也有許多規模宏大的宮殿建築，以氣派華麗的規模展現歐洲皇室之興盛，同時軸線與空間的延伸使建築規模看起來更加宏偉。巴洛克時期著名的宮殿建築，像是凡爾賽宮以至於羅浮宮等，都是這類型的代表性建築。

　　巴洛克時期建築的一點擴散至外的擴張式設計，在凡爾賽宮庭園上充分展現，大門中間的大廣場，由大中庭和皇家中庭組成，由路易十四的騎馬雕像分隔開來，背面與凡爾賽宮宮殿的花園則是透過軸線、端景和樹叢等裝飾的空間加以延伸，讓空間變得更廣大，極度人工化和裝飾的設計也為凡爾賽宮花園建立典範，甚至成為其他花園模仿的對象。

凡爾賽宮庭園

資料來源：ToucanWings，取自維基共享資源。

除了凡爾賽宮以外，羅浮宮經歷過不同王朝時期的擴建，才有今天的建築代表性地位，本身有著兼容並蓄的風格，宮內像是氣派華麗的馬薩頂與裝飾細部等具備巴洛克時期建築特色的元素，都可以在宮殿本身、蘇利樓、黎西留樓等地看見這些特色。

因此，我們可以在巴洛克時期的建築上，看見天主教廷以至於歐洲大國王室將權力展現在建築上，以便於讓人們能夠感受到權威的偉大。

第四節

憑感覺者：浪漫主義建築

一、高雅脫俗的浪漫主義式建築

　　若說第四號人格的特質在於對周遭人事物的感知能力，那麼強調讓個性自由發展，並且崇尚自然天性和直覺的浪漫主義式建築恰巧與此一人格特質相符合。其原因在於浪漫主義本身就是對 17 至 18 世紀初流行的啟蒙運動過度重視理性思考，還有工業革命帶來城市髒亂環境的反思，因此師法中世紀自然形式的人文思想與藝術風格，將設計能量釋放並發揮出來。以建築來說，從英國發跡的哥德復興（Gothic Revival）就是典型的浪漫主義式建築。

　　那個時代的人們希望能重振中世紀的文藝思想，同時也為啟蒙運動思想做出反思。在建築方面，打造許多哥德式教堂，影響哥德復興運動發展的歐格塔斯・普金（Augustus Welby Notthmore Pugin）就是浪漫主義式建築的推崇者，他甚至認為，只有恢復過去的意識和感性才能恢復昔日的哥德建築，而且不需要考量工業革命時代所講求的便利性、結構性或適當性。普金所寫的《基督教徒及其建築法則》，甚至影響後世哥德復興建築還有 19 世紀末藝術，以至於 20 世紀的現代主義運動。

浪漫主義式建築以中世紀人文思想為基礎，所以具備浪漫主義特色的主要建築以教堂、大學還有市政廳等為大宗，主要在英國、德國以至於美國較為流行。而第四號人格在浪漫主義式建築的具體呈現上面，有精美雕刻的尖聳屋頂、讓建築物變得挺拔的尖拱、樸實中帶有厚重感的牆壁、繽紛玻璃彩繪和花瓣狀雕刻的窗戶、花朵狀渦卷柱頭的束柱或方柱、高聳入雲的尖塔或鐘塔，還有開闊明亮的室內空間等。這些再現哥德式建築的浪漫主義建築風格，可說是奔放且典雅。

二、第四號人格代表建築的具體呈現

浪漫主義盛行時代的哥德復興建築，以發源地的英國來說，對後世哥德復興建築影響甚大的普金為代表人物，他最具代表性的建築是倫敦英國國會（Houses of Parliament），它具備豐富的裝飾，且擁有作為倫敦著名地標的鐘塔，還有廣為人知的維多利亞塔。後世也有不少設計師追隨著普金的腳步，像是斯特里特（George Edmund Street）設計的倫敦皇家司法院（Royal Courts of Justice）以及英國曼徹斯特的市政廳（Town Hall）還有利物浦安立甘大教堂等等，這些建築也都充滿維多利亞女王時代的英國建築風格。

由於英國曾向海外拓張殖民地並建立大帝國，因此維多利亞女王時代的建築風格也擴展到海外，像是澳洲墨爾本的聖派翠克大教堂（St. Patrick's Cathedral），或是中國上海、日本長

崎和韓國首爾等國家也都可看到浪漫主義建築的身影。美國
也有部分建築帶有浪漫主義的影子，尤其是大學和教堂更是如
此，像是耶魯大學的法學院和學校圖書館就是典型的哥德式復
興建築風格。

倫敦英國國會

資料來源：Майкл Гиммельфарб（Mike Gimelfarb），取自維基共享資源。

事實上，不僅英國，像是德國或法國，雖然風氣相對沒有英國那麼盛行，也都各自發展出他們的哥德復興建築風格，如法國建築師兼作家奧維列・勒・杜克打造的卡爾卡松城堡和拉昂主教堂等，還有奧地利的費茲斯特（Heinrich von Frustel）所設計的維也納感恩教堂都屬於哥德復興風格建築。然而，上述這些建築相對於英國的哥德復興風格建築來說，建築外型並沒有太豐富的呈現。

第五節

理性分析者：結構／現代主義建築

一、重視主體的結構主義

第五號人格者會計算與分析周遭一切事物，這樣的特質與探尋在各種現象背後運作之系統與規則的結構主義（Structuralism）頗為相似。結構主義的誕生來自法國人類學家克勞德・李維史陀等人對沙特的存在主義（Existentialism）的反思，李維史陀認為世界上有獨立於人類之外的運作準則，而這些基本準則建構出結構，因此他致力於將現象化約到基本元素，李維史陀探究結構運作，正好就是第五號人格窮其一切找尋真理的體現。

　　結構主義在詮釋上有些許差別，像是不同於李維史陀等主流觀點認為人類只能遵循結構，瑞士心理學家皮亞傑肯定人的主體性，並且認為結構在建構出來的過程中有人的參與，因此是動態性的。即使對結構的詮釋不同，但不可否認的，這些第五號人格者都熱衷於探索世界背後的運作。處在健康狀態下的他們讓結構主義得以不斷發展，並且運用到社會學、心理學、符號學甚至建築學，也讓結構主義式建築得以問世。

　　結構主義式建築的崛起來自於重視人類基本居住需求的「現代建築國際會議」（CIAM）沒落，以及都市生活人性化環境，建立對環境歸屬感的 Team 10 興起，他們認為未來將會是結構主義式建築的時代。結構主義為當時的建築帶來「集體形式」概念，也就是個體如何在群體中運作，結構主義建築的問世，影響後世建築風格，而結構主義建築形式在具體實踐上，是以眾多的空間單元個體建構出一套完整的空間系統。

　　結構主義講求整體性，結構中的組成成分具備一定程度聯繫的概念，影響結構主義式建築的呈現，這背後來自於對整體結構的探索與理解。除了整體性之外，結構主義式建築還講求雙重現象，也就是事物具備正反一體兩面。Team 10 的創始成員之一，結構主義建築的靈魂人物之一阿爾多・凡・艾克（Aldo van Eyck）就持這套名為雙重現象（dual phenomena）的見解，認為因為事物有正反兩面，所以得從不同角度進行觀察，他的思想對於日後結構主義建築以至於其他類型建築有相當大的影響。

在實踐上，將結構主義建築發揚光大的是阿爾多‧凡‧艾克的學生赫曼‧赫茲柏格（Hermann Herzberger），他追求從個人角度解釋集體的模式，認為建築師要做的是設計具彈性的空間單元，讓使用者可以決定空間用途，因此他設計的建築容許使用者按照自己的喜好和需求調整空間內部機能和用途，這點與皮亞傑對結構主義的觀點遙相呼應。

雖然結構主義發展約十年左右之後轉向為後結構主義，但這套思想對於後世在各方面的思辨上產生不小影響，在建築方面也不例外。

二、第五號人格代表建築的具體呈現

結構主義建築同樣關注建築的整體結構，無論是凡‧艾克或是赫茲柏格等人都肯認結構的存在。因此，師徒兩人的建築都是具備由個別單元建構成一個大結構的特徵。凡‧艾克的建築理念偏向主流的結構主義，因此他認為不管何時何地，人的本質和心智是相同的。他在《通往構型原則之路》中曾提出一段話：「如果一座房子要成為一座真正的房子，它就必須像一座小城市；如果一座城市要成為一座真正的城市，它就必須像一座大房子」，透過這句話闡述他的建築理念。

凡‧艾克的代表性建築阿姆斯特丹孤兒院便充分實踐這句話。他設計的建築是兒童之家，也同時是小城市。整個社區由作為大模塊的社區空間和小模塊的住宅空間組成，他在孤兒院

建構中心點，並且將建築物中不同空間互相連結，入口、行政
空間、通道、大庭院和各個住宅單元是相連的，形成一個宛如
小城市一般的整體建築。

阿姆斯特丹孤兒院

資料來源：KLM Aerocarto Schiphol-Oost 航拍照片，1960年2月24日，取自維基共享
　　　　資源。

　　與凡·艾克不同，赫茲柏格在整個集體之外也重視各個空
間的自主性與互補性，他最具代表性的建築，也就是 1970 年
問世的比希爾中心辦公大樓，便充分展現出這樣的理念。

比希爾中心辦公大樓的特色在於讓群體充分展現時，也讓單元空間保有一定的自主性。因此，他用三公尺為基本尺寸規劃建築物的空間大小，除了建築結構體之外不作任何空間分割，在事先制定好尺寸後讓使用者可以自行決定如何運用空間。然而，雖然使用者可以自行定義空間，各個不同空間單元不僅要具備多功能，還可以在必要時互相取代對方進行運作的功能。

結構主義式建築除了荷蘭之外，也影響到瑞典、丹麥和挪威等北歐國家。事實上，某些知名的建築大師其部分建築作品也帶有一些結構主義的特色，如知名建築師勒‧柯比意（Le Corbusier），他晚期的建築設計就帶有凡‧艾克設計理念中充滿對立的雙重現象，其 1956 年的建築巴西學生會館，就同時兼具巴洛克建築的曲線躍動和希臘建築的沉重厚實感。

第六節

尋找安全者：折衷主義（道教式）建築

一、沒有固定風格的折衷主義

第六號人格不希望強出頭，因此也不會追求權位，而只是追隨著權威平安度過一生，這樣的個性自然也不會刻意追求富麗堂皇之美，而是偏於保守，因此沒有固定風格，講求比例均

衡，注重純粹的形式美，整體來說風格趨於保守，沒有因為新建材和新技術產生新建築型式的「折衷主義」（或稱模仿主義）建築風格，恰好與第六號人格的特質不謀而合。

折衷主義的誕生，來自於 19 世紀的社會發展，因為攝影技術在此時問世，加上交通便利、考古學相關知識與成果取得突破，出版事業興盛，讓人們能夠更深刻理解過去不同時代和地區的建築遺產，且當代多元社會發展，讓歷代不同風格的建築在城市當中林立，給了折衷主義式建築在這時代興起的養分。

因為不拘泥於特定建築風格，折衷主義建築會將各種建築式樣自由搭配，或是拼湊不同風格的裝飾，舉例來說，有些建築會將古羅馬的柱式建築風格與拜占庭的穹隆設計混搭在一起，以牆壁來說，不同於過往建築牆壁配色統一，折衷式建築的牆壁有時候會穿插各種不同顏色。

此一風格的建築，以公共式建築如教堂等來說，還保有莊重感，但民居建築變得個性化，會依照居民自己的需求加以建造，屋頂裝飾會混用不同風格，窗戶同樣也會依照個人喜好融匯各種不同類型的裝飾色彩，建築物的門也會使用各種風格的裝飾加以點綴。

折衷主義的影響相對於其他藝術來說，影響更為深刻且持續的時間相當長，不同時期在不同的國家盛行。19 世紀時期，最典型的折衷主義建築在法國，當地的國立高等美術學院

成為培育與傳播折衷主義藝術與建築的重鎮，到了19世紀末至20世紀初期，則是以美國的折衷主義建築表現最亮眼。

美國之所以會接下法國的棒子，在折衷主義的展現上超越法國，原因在於在法國接受教育的美國建築師們，在19世紀末回國之後，旋即將這套方法應用在美國各項建築上面，因此在19世紀末到20世紀初期，折衷主義式建築在美國如雨後春筍般出現，直到20世紀的30年代為止。

折衷主義建築過度偏重在外觀上面再現歷代建築風格的方式，在20世紀初也開始招致現代建築運動的批評與反思，但也有一派說法認為，在過渡到新建築風格之前，折衷主義建築是當時最好的建築風格。

二、第六號人格代表建築的具體呈現

因為巴黎曾是折衷主義建築的代表國家，因此出現許多典型的折衷主義建築。說起折衷主義的代表性建築，就一定得提到作為法蘭西第二帝國重要紀念建築，由查爾斯・加尼葉（Charles Garnier）於1861年所設計的「巴黎歌劇院」（加尼葉歌劇院），其最大的特色在於模仿巴洛克式建築之餘，也融合了希臘羅馬時期盛行的柱廊式設計等建築形式，同時也添加複雜的雕飾，這種設計形式甚至還影響歐洲其他國家。

　　除了巴黎歌劇院，另一個折衷主義的代表建築是與巴黎歌劇院同樣被稱為巴黎標誌，由保羅‧阿巴迪（Paul Abadie）設計的「聖心教堂」（聖心聖殿）。與巴黎歌劇院類似，聖心教堂也分別融匯羅馬以及拜占庭兩種不同的建築風格，如同許多折衷主義建築，聖心教堂在室內空間也裝飾各種浮雕、壁畫和鑲嵌畫，其中圓頂的巨大鑲嵌畫「基督聖像」更是世界上最大的鑲嵌畫之一。

巴黎歌劇院

資料來源：照片：Eric Pouhier；修圖：Rainer Zenz、Niabot（最後修改），取自
　　　　維基共享資源。

雖然法國是折衷主義發展最興盛的國家，在折衷主義高度發展的時期，其他國家也有代表性建築。為了紀念義大利統一後第一位國王維托‧艾曼紐二世而建立的維托‧艾曼紐二世紀念堂，就是法國以外折衷主義的代表性建築之一。它融合了羅馬的科林斯柱式建築以及希臘的祭壇建築形式，十六根圓柱矗立的列柱迴廊和純白色建築，是艾曼紐二世紀念堂的最大特色。

在美國方面，折衷主義建築盛行期間，全國各地出現大大小小的折衷主義建築，如 1893 年在芝加哥舉辦的哥倫比亞世界博覽會便是典型的折衷主義建築，這些建築模仿義大利文藝復興時期的風格，如該博覽會的行政辦公中心便採用穹頂式建築，並且納入以幾何學為概念的設計，這些建築的目的除了展現美國的工業技術水準，也同時證明其文化水平持續不斷進步。

第七節

創造可能者：主題式（解構主義）建築

一、超脫苦悶的娛樂場域

第七號人格最顯而易見的特質是娛樂與創造，因此能夠激發想像力與幻想，並且為人們帶來歡樂的建築，也就是所謂的娛樂型建築，就是呼應第七號人格的建築。

　　要談論這種類型的建築，首先得先從娛樂的意義談起。因為人們在日常生活中難免會不順心而感到苦悶，所以會想要利用閒暇時間從事娛樂，讓自己能夠獲得釋放。因此，各種不同類型的娛樂場所應運而生，也促成各種不同娛樂型建築的誕生。

　　過去，劇院或音樂廳這種傳統的娛樂型建築大多被視為上層階級的事物。當大眾文化興起之後，為了迎合大眾口味，承載大眾文化的載體，除了電視、電影或廣播等媒體之外，像是主題樂園、電影院以至於影城等現代的娛樂型建築應運而生。隨著時代演進，電影院從使用像是空地等現成場所，到打造承繼傳統娛樂型建築的專屬建築，甚至功能從昔日單純播放電影的電影院，進展為具備如購物等其他娛樂性功能的影城。

　　正因為迎合大眾口味，不管是哪種國籍、文化、階級、身分和社經地位的人都可以接觸，所以現代的娛樂型建築成為文化中心，讓社會大眾都能夠獲得最大的娛樂體驗，這也是第七號人格所樂見的「透過最多元的娛樂體驗，讓每個人都能夠獲得最大的快樂」。

二、第七號人格代表建築的具體呈現

　　如果要說符合上述標準的建築，非迪士尼樂園莫屬。目前全球有六座迪士尼樂園，無論在全球哪一個國家，即使設施有細微差距，大抵上一定會有迪士尼最重要的象徵——城堡。六

個迪士尼城堡的藍本來自睡美人或灰姑娘等童話故事，不管是哪一座城堡，都具有追尋與創造夢想的勇氣和意涵。

迪士尼樂園的經典地標：城堡

資料來源：HarshLight（來自美國加州聖荷西），取自維基共享資源。

　　雖然迪士尼樂園等娛樂型建築是大眾化的象徵，但是在大眾化之下，仍有因應不同旅客的分眾化設計。所以，除了迪士尼樂園的城堡之外，每個迪士尼樂園都會有不同的主題特區，以因應擁有不同喜好的遊客，這種讓每個人都能夠有自己的娛樂體驗，也正是現代娛樂型建築的特色。

　　所以，我們可以看到像是環球影城除了放映電影之外，也設計專門的主題樂園，加上形形色色的遊樂設施。在建築物設計上也融合了現代主義以至於表現主義，以便於吸引更多觀眾，讓他們能夠從中得到娛樂，而這些民間的經營者也能從中得到金錢等相關利益。

第八節

保護者：基督教建築

一、世俗化擁抱世人的基督教

　　身為基督教的核心人物，耶穌向世人宣揚神的福音並展現神蹟，甚至最終在耶路撒冷殉道，許多門徒也繼承了耶穌的精神，在世界上各個地方傳教。傳教過程當中曾一度受到羅馬帝國壓制，但是這些教徒為了人類的幸福，無懼於被迫害的危險，終於在西元 312 年因君士坦丁大帝頒布的「米蘭詔書」，

從地下宗教轉為國教。在成為正式宗教的這段過程當中，基督教無懼危險為世人犧牲奉獻的大無畏精神，與第八號人格相呼應。

不同於佛教早期的出世特質，基督教一直都有強烈的入世性格，從早期還是地下宗教時期，基督教徒們在密室或是地下墓穴等隱密的地方集會，到正式成為羅馬帝國國教後，羅馬第一座大型教堂「拉特朗聖約翰教堂」，也就是今天的羅馬主教公署問世，以至於今天大大小小的教堂林立，甚至「Church」這個字的意涵本身就是教徒們群聚互動並且形成團體，都可以看到基督教與人群之間是密不可分的。

基督教建築中有許多元素帶有第八號人格的特質，圖像是其中一種。以圖像來說，它有助於傳達基督教語言之外的意思，讓更多人可以了解基督教的概念，並且從中獲得感召。同時，透過各種圖像等象徵，即使時至今日基督教本身已分成許多派別，有時這些派別會因為文字解釋上的不同而產生紛爭，但有像是三角形代表「三位一體」的符號，約定成俗可以減少不必要的紛爭，同時讓更多人能認識基督教，讓最多人能夠接觸，其中也蘊含基督教將人類視為是平等的，並且一視同仁對待。

基督教建築有許多約定成俗的符號，這些符號在在象徵著基督教的精神所在。最典型的例子就是十字架。其代表著死亡和犧牲，卻也同時象徵愛與希望，原先基督教徒們對於十字架和背後的磔刑頗為忌諱，在耶穌以生命讓教徒們理解十字架的

正面意義，更是讓第八號人格為了正義和真理犧牲奉獻的精神具體化。

二、第八號人格代表建築的具體呈現

基督教可說是世界上信仰人數眾多且遍及全球的宗教之一。歷經中古時代和宗教改革，基督教衍生出各種不同教派，同時因為在亞非等地殖民，教堂普及全世界，為了更接近世人，基督教也不斷世俗化。然而，即使因為前述各種因素，讓全世界的教堂建築有些許落差，基督教教堂仍有其共通性，從建築中傳達的「神愛世人」意涵，仍然能夠感染其他人。由於教堂建築遍布全世界，也留下許多典型的教堂建築。

羅馬是基督教舊教，也就是天主教的宗教重心，除了作為宗教中心的聖彼得大教堂，還有許多深具歷史意義與傳統基督教特色的教堂。「文藝復興」運動的發展重鎮，位於義大利佛羅倫斯的聖母瑪麗亞百花大教堂，正是當代最典型的教堂建築。文藝復興是重振古羅馬時期的文化風氣，因此聖母瑪麗亞百花大教堂有著羅馬時期基督教的設計語彙，像是圓頂與前方的洗禮堂等。

位於伊斯坦堡，由第一位信奉基督教的君士坦丁大帝建造的聖索菲亞大教堂，則是拜占庭式藝術的代表建築。以「神聖的智慧」為名的這座教堂，有著教堂建築常有的圓頂式建築，以及基督教藝術的雕刻、壁畫和鑲嵌物，是拜占庭帝國最主要

的加冕教堂。即使伊斯坦堡成為土耳其帝國領土，聖索菲亞大教堂也被改建為清真寺而改為伊斯蘭教的擺設，建築設計仍然深具東正教的影子。

有些教堂擁有基督教重要人物的遺骨、遺物或遺跡。位於德國的科隆大教堂便是一例，其內部有耶穌誕生時前來朝拜的東方三博士的遺骨，甚至連神聖羅馬帝國君主還會在亞琛大教堂加冕後前來向這三位來自東方的博士獻上敬意。不僅如此，這些建築還有許多基督教藝術的產物，讓教徒以至於來自各個國家不同文化的人民，能夠感受到基督教的特色。

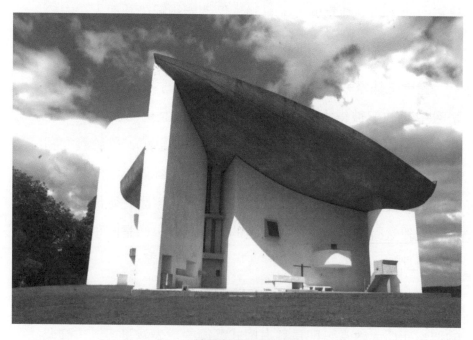

法國朗香的聖母教堂

資料來源：Rob Deutscher，取自 flickr。

　　基督教在近代致力於世俗化，因此開始導入許多現代建築的特色。在 20 世紀所建造，位於法國朗香的聖母教堂就是典型的現代化教堂。其建築風格迥異於過去多數教堂採用的尖塔或圓頂式設計，而是漂浮式的屋頂設計，這樣的設計讓教堂呈現出與傳統教堂不同的輕盈樣貌，有了現代設計語彙讓教堂更加平易近人。雖然建築設計上跳脫傳統框架，朗香聖母教堂門內光源安排凸顯出 17 世紀業已存在的聖母像，並且充分融合而不突兀。

　　因此，即使已經分裂成為不同教派，我們仍然可以從各個教堂當中看到基督教精神，甚至是第八號人格的體現。

第九節

維持和諧者：禪風／自然粗獷主義建築

一、融入道家思想的禪宗風格

　　第九號人格重視和諧，同時也重視人與宇宙間的關係，最高境界則是進入一種空靈且無為的狀態，這與道家老莊思想以至於佛教的禪宗思想之間頗有相通之處。禪宗作為中國佛教的主要宗派之一，對於中國以至於整個東亞地區尤其是日本影響甚深，許多生活模式和美學概念都不脫禪宗的影子。

　　說起佛教與道家思想的淵源，得從佛教在中國的發展說起。佛教在東漢時期傳入中國，而佛教的主要宗派之一「禪宗」則在魏晉南北朝時期，由達摩祖師傳入中國，當時最興盛的學術思想是以《老子》、《莊子》和《易經》這「三玄」為核心的「玄學」。恰巧禪宗與老莊思想之間有不少互通之處，因此，研究玄學的學者與修習佛法的僧侶之間互動是常有的事。在玄學發展末期，因為已陷入瓶頸，甚至還將佛學思想導入談玄。因此，禪宗與道家思想之間的分界線已不若初傳中國一般涇渭分明。

　　禪宗早在與唐代同時期的孝德天皇時期便傳入日本，開始真正發揮影響力則是明庵榮西禪師在中國宋朝時期到中國學習禪宗之法，融合佛教教義與日本文化並創立臨濟宗，同時也受到當時鐮倉幕府的支持。榮西禪師不只將禪宗思想傳至日本，同時日本的飲茶文化也是由他所一手建構。他將明慧上人送給他的茶樹帶回日本，同時在京都的栂尾一帶開設茶園，成為日本最早的茶園，以栂尾為中心，飲茶文化傳遍整個日本，其產物「茶室」也成為日本建築文化的經典之一。

　　禪宗在日本本土化滲入生活當中，茶道、花道等皆受其影響，結合儒學與神道教思想之後，更是成為日本武士階級的道德規範──武士道。因此，不同於中國禪宗主要影響華人哲學思想，日本禪宗不侷限於打坐，更是將個人精神生活上的體會和內心信念融入於生活各個層面中，成為生活美學。

二、第九號人格代表建築的具體呈現

日本禪宗追求樸素簡約和超然自在的特質，與西方的「自然粗獷主義」遙相呼應。美國粗獷主義的創始者——萊特自然建築師與他的「粗獷主義建築」則將這股自然獷野風推崇到了極致，他的草原式住宅很美國化，崇尚居室就在自然的懷抱之中。

以日式的庭園建築來說，借鑑中國庭園建築設計理念和日本禪宗思維，在有限空間之內將大自然呈現出來，並且以象徵手法表現山水美感，透過表現自然且不做過多人工修飾的手法展現禪宗的返璞歸真與素樸典雅之美，庭院的一景一物都象徵著大自然的特定元素，像是庭石象徵山脈或島嶼，砂礫象徵河流，湖泊象徵海洋等，這就是所謂的「枯山水」景觀，和中國庭院以精緻手法再現山水之美大異其趣。

禪宗是屬於第二、九號的建築，悲天憫人而又與世無爭，枯山水則是包含在禪宗裡屬於九四人格，強調保留原始的藝術塑型。而自然粗獷主義則屬於完全的九號建築。

雖然日本的枯山水景觀重視以簡單的石頭、砂礫和樹木呈現簡約山水之美，甚至可以從空靈的擬似山水感受宇宙的浩瀚無垠，但是重視細節呈現的日本人也會利用小品式景觀擺設裝飾庭院，像是代表希望與光明的竹燈籠、驅災避邪的石塔或擺設在茶室入口用來洗手的洗手缽等，這些景觀擺設不會喧賓奪

主，而是烘托枯山水景觀樸實典雅且空靈的美感。融入日本禪宗精神的枯山水景觀，恰恰與中國道家思想「天人合一」的精神遙相呼應，也充分呈現第九號人格的精神所在。

日本庭院的枯山水景觀講求人與自然間的和諧共處，當人置身其中的時候，就會感受到自己也是這個縮小式景觀的一部分，這種枯山水景色常見於日本一些知名的寺廟，像是建仁寺、銀閣寺、東福寺和賴久寺庭園等。

由臨濟宗開山祖師榮西禪師所創的建仁寺，是京都最古老的寺院，是日本禪宗發展的根源所在，其建築物可說是最具代表性的日本禪宗建築之一。秉持日本禪宗的精神，建仁寺建築設計並沒有多餘的裝飾，這點與中國式寺廟經常使用裝飾點綴的風格大異其趣，雖然簡單樸實，建築物白色外牆與褐色木柱呈現鮮明對比。大雄苑以布滿水波紋路的白沙為海，有青苔的石頭當小島，○△□乃庭則是以沙石和樹木呈現禪宗的地水火三項元素。

位在岡山縣高梁市的賴久寺有一座由著名庭園建築大師小堀遠州建造的庭園，這座賴久寺庭園也是典型枯山水景色之一，其建景手法為透過借景手法將愛宕山融入庭園中，並利用石頭擺設與地形高低呈現自然之美，鋪滿白沙的中州有鶴島，以尖銳直立的石頭和具備曲線的樹叢表現出鶴的身形，展現長壽的意象；後方則有龜島，利用兩顆石頭在特定角度呈現一隻烏龜。另外在海洋的呈現手法上，特別將皋月杜鵑修剪成巨大

波浪狀「青海浪」，搭配帶有水波紋路的細沙。除了庭園本身，
由石頭堆疊組合的堆石燈籠烘托出賴久寺庭園的枯山水之美。

大雄苑

資料來源：Olivier Lejade（來自法國），取自維基共享資源。

　　雖然中國與台灣的寺廟建築大多採用中式建築典雅莊重
且帶有許多雕飾的設計，然而仍有某些寺院採用禪宗與道家
思想中具有的「天人合一」要素。作為法鼓山起源地的農禪

寺，其大殿「水月道場」的「水中月，空中花」設計理念，以日本京都龍安寺為設計靈感發想，以二十二根廊柱支撐，設計簡潔卻典雅的水月道場大殿，其影子倒映在前方的水月池，搭配視野盡頭的大屯山，建構出自然與建物間的整體性，充分展現出禪味。

農禪寺大殿「水月道場」

資料來源：Jason，取自flickr。

Chapter
04

The Enneagram

九型芳華，鑑古知來

九型上古，
神祇的吶喊

　　「九型上古，神祇的吶喊」，藉由導入生命之樹與九型人格的起源，說明古時代的權力者為了統治與教育臣民，創造了北歐諸神，並用神格擬人化的角度來說明貴族的處事角度。後來衍生的希臘諸神也是以同樣的模式複製統御的方式，因為在痛苦與歡樂時代的人民，同樣都需要信仰來支撐他們的生活，而掌握權力與欲望強大的君權主義者（第八、第三號人格），需要有神祇「賦予」或「賜予」的神命，完美化自己那極為與眾不同的人格表現。在這樣的社會環境下，各階層的藝術與學術創作者（第四五號），則在極度反差的情境賦予下，藉由藝術與學術的方式將君權神授所賦予的一切生活盡情演繹，來寄託內心的不平與幻想。

　　綜觀當時各種藝術與學術的表現，或許多數創作者的創意迎合只是為了符合當權者的讚美，或讓自己的隱藏情緒免於刀俎之禍，其實他們的內心則蒙上了極度背道而馳的創作感傷，而那些真正有自己思考與意見的，能為後世所尊崇的，大多尊重自己性格的發展而飽受當權者撻伐，因為這些 Master（大師級人物）的追隨者（第六號）則會努力傳播 Master 的各種語言與創作，試圖影響君權的集中與加深人民被統治上的畏懼。而在此時代裡，也有一些代表愛與光明（第二號），或是藉由放逐或歡樂方式（第七號），卸下表面人格的虛偽與內心性格衝突後的宣洩行為，不論自己找到的方式為何，面對真實的自己需要勇氣，更需要一個缺口，來聽見自己吶喊的聲音。

第一節

神說：蘇美（阿卡德語：Šumeru）有顆生命之樹

一、神說

　　古蘇美人來自於哪裡已經不可考，有人說是來自上方國度的神祇，有人則流傳來自於外太空的高度文明，有關這些考證事跡的工作盡留待考古學家多多費心，而今日我們所要探討的是「文化遺留下來的本質」，也就是文化賦予人格形成在這千百年來對人類文明造成了什麼影響，一個對於歷史社會文化甚至戰爭具有決定性影響力的領袖級人物，是如何被堆砌與挖掘出來的。回溯上古紀元，究竟神格擬人化對於後世性格學的推演及彙集的影響有多大，九型人格學為何能夠源出美索不達米亞的神祕圖說，不受東西文化差異的羈絆而各自表述，卻又相融相成，這就必須回溯至宙斯、索爾的遠古時空，探究性格的起源。

　　九型人格學對於人心及性格上壓抑的黑暗面，具有極高度的分析歸類價值。人格學貫穿了政治、經濟、宗教信仰、戰爭、人性、藝術美學、寫作、犯罪、生活、職場、人際關係、天堂與地獄、精神疾病、身體健康等，涵蓋解釋了數千萬年來人類演進的所有歷史，可謂是人類有記錄以來針對行為學最完美的經典論述。

我們從文獻及傳說中發現，所有生活的原始動力，來自於人類祈望「歡愉」的延續，當期待落空之後，才轉而成為對他人「欲望」的奪取。

究竟神是不是貴族當權者的投影，美好的政治記載裡有沒有陰謀算計，而歷史上留名的偉大人物，真的能坦然處理好壓力問題嗎？九型人格的學說影響深遠，忠奸善惡，是非陡直都離不開這性格圈的框架之中。

美索不達米亞平原的南部，在兩河流域的交匯下演化出了人類的初始起源之一，根據文獻記載，蘇美遺址南側的埃利都（譯，蘇美爾語：eridu），和位於北側的尼普爾（譯，nippur）是其生活文化的中心。相傳尼普爾是陰間的主神恩利爾（Enlil）的聖地，他傳授的咒語和魔法可以驅動鬼魅；而依利都相傳是文化神恩基（Enki）的駐地，他是光和善的神與水源的主宰、掌控醫術的神，為人類帶來了藝術、科學、工業和文明。蘇美文明所流傳下來的文字書寫系統為人類所知最早的文化記載方式。蘇美人能夠以六十進位精確計算面積和丈量土地，並且確立了圓周為三百六十度等的基礎概念。蘇美人是也人類史上最早觀察與記錄天文學現象的人，令人驚訝的是他們進化的程度已經將每小時分為六十分鐘，每分鐘分六十秒。

二、蘇美人的統治階級

「蘇美王表」顧名思義就是記載了蘇美人古代帝王信息的書。[1]

蘇美人相信人出生的目的是來服侍神祇的，而國王是神明在世界上的代理人，人聽從神的各種為了統治與馴服而做的各項規範，否則必將因人心走向惡道而受到懲罰，因此其中有一群神授權統治其他居民的人，將人民集中並從事建造瑰麗莊嚴的塔廟，以各種誇飾與盛大的儀典彰顯神帶給人的美好。

據蘇美人記載，最早從天而降的王阿努納奇，就是來自尼比魯星球來的外星神祇。阿努納奇人的一年相當於地球上的三千六百年，用阿努納奇人的基因改造的人類，最初成功的幾批人類壽命也很長，基本都在八百到一千年，《聖經》的傳說中都有幾百歲的記載，[2]但隨著生命繁殖，幾代後人類迅速喪失阿努納奇人的長壽基因，最後穩定在一百歲左右。

有人說，現代流傳下來的九型人格原型來自於蘇美人，這套人格的理論應用在當時的民間教育方面，卻沒有明確的文獻記載，口耳流傳的真實性有待考證，一直到後世的卡伯拉密教中的生命樹圖譜，才又讓這套神祕的學說重現於世。生命樹上有著十天使，分別守護著神與人的勢力界線與信仰模式，接下來就一起進入這塊令人好奇的圖騰傳說。

1　取自：https://blog.xuite.net/yikinki123/yi/588154996

2　（維基）在創世記 7：11 至 8：4 論到這場大洪水，《聖經》說：「諾亞活到六百歲那一年（公元前 2370 年），（民曆）2 月 17 日那一天，浩瀚深淵的泉源盡都裂開，天上的水閘都打開了。」

第二節

生命樹下神與人：卡伯拉生命之樹

卡伯拉密教（Cabala，一說 Kabala、Qabalah 或 Kabbalah）是希伯來宗教中最富傳奇性的分支，其教義分為三部分，那就是 Theoretical Kabalah（譯為神論）、Meditative Kabalah（譯為冥思）和 Practical Kabalah（譯為咒語）。卡伯拉思想是猶太密教的核心價值，據說根源於大天使密授智者亞伯拉罕的「不可言喻的祕密」。密教的思想長久以來就是猶太思想中最神祕的部分，直到 13 世紀才開始成為鍊金術士、諾斯替、赫爾墨斯、十字軍等神祕組織的思想根本之一。

卡伯拉「生命樹」的「神蹟」圖樣不僅是描繪於羊皮紙上的二維圖樣，而且是一個真實存在的三度空間宇宙，象徵著外部世界、人的身體、以及隱密的內在精神。生命樹由三支柱（慈悲之柱 Pillar of Mercy、溫和之柱 Pillar of Mildness、嚴厲之柱 Pillar of Severity），十個圓圈（十原質 Sephira）、四階層（風、火、水、地）、四世界（原型的世界、創造的世界、行動的世界和物質的世界）以及二十二條道（Pass）共同組成。[3]

卡伯拉生命樹上的十圓，無疑就是被形而上的十枚果實。其中 Malkuth（中文：王國）通常是空缺的，因為據說它屬於不同的存在法則，此舉導致生命樹在十圓和九圓之間滑動。卡

3　取自：https://kknews.cc/zh-tw/culture/jmqazkq.html

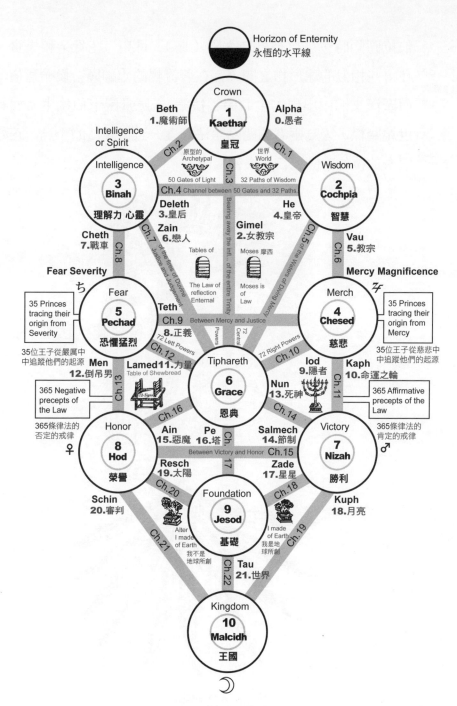

卡伯拉生命之樹

資料來源：Tarot/Mr. J 於2003中秋（手繪），取自https://destiny.to/ubbthreads/ubbthreads.php/topics/818492/all

伯拉圓同時也可以被視為太陽（鳥）、月亮、花骨朵和果實。
在這些相似的球形物之間，存在著流暢的「神顯」換喻通道。
而廣漢文明中出現的生命樹「扶桑」，應當跟卡伯拉生命樹有
近親關係，因為兩者的隱喻語法高度一致。廣泛的十鳥，正好
跟卡伯拉的十圓（日）嚴密對應。

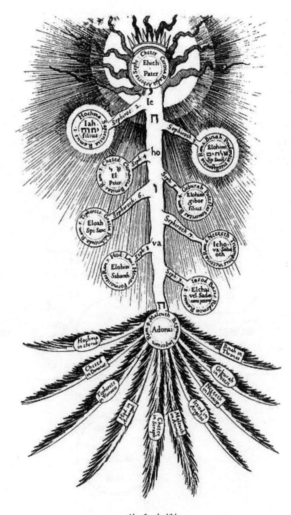

生命之樹

資料來源：維基百科。

生命樹上的十個圓圈都象徵一個原型，表達出神人格長成以及世界創造的各個步驟：

- 皇冠（Kether/Crown，淨火的天）：神的本性。
- 智慧（Chhokmah/Wisdom，原動天）：恆星，智慧。
- 理解（Binah/Understanding，木星天）：理性、創造之泉。
- 愛（Chesed/Love，木星天）：愛、仁慈、恩寵。
- 規範（Severity，火星天）：法、神的權利、惡的發現、憤怒。
- 美麗（Tiphareth/Beauty，太陽天）：慈悲與美。此正是生命之樹的核心。
- 勝利（Netsah/Victory，金星天）：永遠、誇耀勝利。
- 榮耀（Hod/Splendor，水星天）：尊嚴、收縮、光榮。
- 基礎（Yesod/Foundation，月球天）：萬物的基礎、神的創造力。
- 王國（Malkuth/Kingdom，四元素合成）：王國、物質、人。

在希伯來神話中，卡伯拉生命樹位於伊甸園的中央，是園內地位最高的神態生命樹。由於人類盜食知識樹果實的後果，就是使用語言對事物進行善惡二元化的分解，並由此獲得自我（羞恥感）、慾望（性慾）、獨立（與上帝的分離）及其自由。十個圈圈代表十個境界，從神而人的管理過程之中，愛慾好惡已經結成果實，而是藉由祈禱與指引，達成最後的歡喜，由此學說延傳到後世，在接下來的北歐諸神與希臘神話裡，愛慾的痕跡更加明顯，也就是人的思緒已經成為性格的分水嶺，神格也就逐漸人格化了。在西方宗教裡，逆

向提升人類靈性的生命樹，在入口與出口各有魔鬼與天使看守，乃代表要進入生命樹重返永生，先要戰勝心魔的引誘，到最後關卡還要作出最終的突破，擁有勝過把關的天使的力量才能成功。卡伯拉生命之樹上面，有十個 Sephiroth，在這裡中文暫用「天界」名之。每一個天界都有一位重要的大天使來鎮守。而這十個天使也可以用九型人格大約來述說人類最初的思想溢流，也就是人塑型性格定義的最原始神格化。

第三節

北歐諸神的神格說

北歐諸神是前希臘時期歐洲最重要的宗教與信仰文化，神話的創造者將歐洲貴族人種的宮廷式文化及人格特質神格化，每一個代表性的神祇都能在諸神的身上找到古蘇美九型人格中的完美與陰暗，也就是代表原始人格表現裡的最健康層面與最陰暗層面的展現。

在北歐人的神之國度裡，我們居住的世界起源於一條巨大幽暗的深淵，而永存之父則住在那裡，他憑著自己的想像創造了世界。相傳在此時，「惡」似乎只是一種自然狀態，而火與冰彼此對抗，是天生的冤家。原初的巨人依彌爾與母牛奧都姆拉從這裡誕生。對北歐人來說，巨人乃是大自然的擬人化，而神族則代表高度智慧的人類欲望象徵。「巨人」通常代表無情

的大自然，如風災、暴雪、洪水、火山爆發等，它們常常摧殘人類的努力成果。而「神族」則為了維持人類的存在感積極與大自然做長年的抗衡，直到戰勝為止，所以人類始終是人類，就是一種佔據與殖民大自然的侵略生物，雖然大自然會反撲，但人類因為貪與惡，運用高度的智慧，不斷欺騙與鎮壓反撲的勢力。

惡是從深淵裡迸出的，傳說依彌爾因忌妒 Búri（北歐諸神始祖）的完美無暇而害死了他，而後復仇的惡就烙印在他的孫子奧丁身上，由奧丁組成的復仇者聯盟殲滅了依彌爾，他的屍體填平了金倫加鴻溝，血則淹死了自己的後裔子嗣，從此神之一族完全統治了世界。但巨人博格米爾卻逃過生天，為未來神族與巨人的對抗留下伏筆，象徵著我們內在的神性與大自然無休止的爭鬥。

對北歐人來說，惡是一種純粹的自然狀態，先於諸神而存在。它醜陋、暴力、不可理喻，但也久遠、古老、通透一切。

一、究竟神話下的諸神具有什麼樣複雜的人格呢？

（一）眾神之主：奧丁

北歐神話中的眾神之主，Búri 之孫。他生性好勇狠鬥，是戰爭之神；同時他為眾神之神，充滿智慧，相反的，他雖然身為眾神之神，卻也可以為求目的而不擇手段，是位城府甚深的謀略家；他亦是開天闢地的神祇，並擅長使用魔法。

1. 諸神國度之王

奧丁是引領邁向幸福國度的領導者，竭盡全力保護領土內人民，目標高遠，屬於第八號的高尚表現。

奧丁很早就意識到諸神黃昏之日的到來。為了不讓這件事發生，他設計軟禁了自己的結拜兄弟巨人洛基（正史神話版），並扣住其家人當作人質，對外宣稱巨人與神族的大和解，私下卻建造偉大的英靈殿迎接和收攏人類戰士的亡魂當作作戰預備軍，目的是在最終戰役取得不可能取得的勝利。這為了勝利與權力進行壓迫對手，雖然還是屬於第八號人格，卻有三號私欲成就的動機自我混淆，有落人口實之嫌。

2. 詩歌與知識、魔法之神

奧丁是陶冶與教育的創始人，藝術、美與善良的啟發者。屬於第二四號的高尚表現。

奧丁曾以一隻眼睛向智慧巨人密米爾換得喝一口智慧之泉的泉水，為了換得操縱魔法文字的能力，他擅長使用咒法，並能夠能預測命運和未來，最重要的是，他會因為別人與他的原則牴觸而隨意賜禍他人（八一號人格）。

（二）雷神索爾：無私給予的勝利之神

索爾是北歐酷寒中的的戰神。他能夠為了保護所屬子民而犧牲一切。因此是第八二號的高層道德人格表現。

　　索爾的公正無私是北歐人在戰爭時祝願的神祇。他的勇敢善戰在諸神與巨人間是非常有名的，他乘坐戰車出遊，體格魁梧，力量強大。他性格易怒，但他始終為了良善且十分忠厚，深受民眾愛戴。索爾也是農耕之神，他為了農作物的收成而總是在雷雨中降下了滋潤的雨水，獲得了人民的擁戴。

（三）惡作劇之神：洛基

　　北歐諸神裡最重要的 X 因子，就是洛基。

　　電影版裡面的洛基被改編成奧丁的第二個兒子，也就是索爾的弟弟，天生不滿父親對於哥哥的偏愛。從小發展出一種忌妒及報復的心理，陰險而深沉。他為了覬覦王位，上至奧丁，下至跟索爾有關係的國度神族，乃至人類，都是他狙殺的對象。

　　電影版裡的洛基沒有索爾的仁慈之心，冷血而好殘殺，為了目的可以勾結神族最大的敵人內應外合，是第三號人格的經典代表。

　　正史版裡的洛基是依彌爾之孫，巨人族的後代，他帶著仇恨出生，為了不被奧丁滅族，他卑躬屈膝地臣服於奧丁的麾下，並與仇人奧丁稱兄道弟，視索爾為自己的孩子。他心機深沉，深謀遠慮，卻又天生一副玩世不恭的樣子，等到時機一出現，造就了諸神國度的毀滅，也就是諸神的黃昏。

　　火神洛基在神話裡的性格歧異性能在〈雷神之鎚〉這篇故事裡窺見。傳說有天，希芙的長髮不見了，希芙的金黃色長髮

是神話裡麥浪與花朵的象徵，因為索爾本人就是穀物的守護者，當然不容許冬天搶走了女神的頭髮，但洛基卻接下了這個使命，他所代表的火元素，卻從生活在地底下的矮人那裡（也就是土元素）將頭髮送回。易言之，洛基是春天的象徵。他從地底歸來，為大地帶來了新的契機。

這一切在第七號的洛基人格上，稱之為窺探所有不可能的有趣。

純潔的神現在被添加了欲望，因而讓洛基從中挑動了華納神族與阿瑟神族的戰爭。一場戰役過後，誰都知道洛基並不單純，身負著惡的復仇出生的他，毀滅了神族永垂不朽的基業，這一切說明了只要有了奪取他人幸福的欲望，神格也就是與平常人一樣，沒有不墜的道德永生。

第四節

奧林匹克山諸神的擬人化九型

希臘時代為歐洲重要的城邦時代起源，著名的斯巴達、特洛伊，以及雅典神話均在這個時代都以幾近璀璨的方式呈現。這時候的人們以聯邦式的結構互相依賴，卻也互相抵制，眾邦聯之間的武力雖足以自保，事實上整體合起來也難以抵抗中亞波斯勢力的迎頭一擊。回溯電影劇本描述的斯巴達城邦的領袖列奧尼達一世浴血犧牲的溫泉關戰役，與希臘海軍戰神特米斯

托克力背水一戰的城邦保衛戰，免不了都有著君權神授的神話影子，因此這個時期的貴族與臣民多以鬱鬱寡歡的心情面對未來，也因為憂患意識提高，將庇護希望寄託在奧林匹克山上的諸神。這個時代為西方文明藝術高峰的第一期，許多歌頌神格化的建築藝術已經幾乎貼近於擬人化的性格，透由雕塑、繪畫、建築風格等流露出對時代的悲觀與求生的意志，九型人格的各項特質在此表露無遺。

神話的衍生來自於宗教與對環境的不安全感，其中主要包含了人們對大自然種種現象的解釋還有對於統治勢力的不穩定感。記述希臘神話最早的文獻是「伊里亞得」（Iliad）和「奧德賽」（Odyssey），[4] 它們可能被寫於西元前 800 年，神話的地點就位於希臘極北終年冰雪的奧林匹斯山上。希臘神話所講述的，主要是這些神、英雄與愛的流傳故事，以及之間因為各種的欲望與其中因為宙斯的花心所引發的一連串後宮追殺，神話的流傳主要在說明希臘人對大自然界異象與生命萬物的種種解釋。在宙斯推翻他父親克羅諾斯的爭戰中，泰坦神族的普羅米修斯加入了宙斯的陣營。他機敏而睿智，早有先見之明，洞悉了宙斯終將贏得勝利的事實。

一、宙斯（Zeus）

宙斯為奧林匹克十二天神之首，生性浪漫多情，極盡縱慾之能事，典型的第七號人格。他娶了一位忌妒心超重的赫拉女

4　取自：http://seed.agron.ntu.edu.tw/civilisation/Mythology/Hong02.htm

神為天后，赫拉有著可以與宙斯幾乎匹配的強大法力，是天后的不二人選，偏偏宙斯管不住自己，不只女河神、命運三女神的母親，甚至連馳名希臘的偉大英雄海克力斯（Hercules）的母親都被宙斯染指，讓海克力斯這神人的混血兒在短短一生之中吃盡了千辛萬苦。

宙斯身為眾神之首，當然亦具備有領袖風範，是一位力量強大無比、戰無不勝的第八號。而有趣的是，宙斯身為神與人的共同領袖，他的劣根性與北歐諸神不太相同，宙斯是會挾怨以報，而且有仇必報的人，這點人格的親人性，卻又說明了他是個紮實的獨裁者個性。宙斯就是一個典型的八七號人格的神，因為八是國度的領袖，七卻又極其縱慾，貪戀歡樂。

二、天后赫拉（Hera）

赫拉是宙斯的姐姐，也是他的妻子。赫拉的丈夫頻頻出軌，但她卻是保護生育、幸福與婚姻的女神。赫拉打擊情敵的手段十分殘忍，比如她曾將宙斯的情婦與私生子變成熊，也逼迫情婦的後代克勒斯殺其妻兒，並進入勞改營懺悔。赫拉是主管女性的完美世界，因愛生恨，因此她是一四號性格的完美代表。

三、普羅米修斯（Prometheus）

普羅米修斯是第八、五、二號的神諭代表。

　　普羅米修斯為一個睿智之神，富有愛心，屬於有智慧的第五號人格與第二號的高尚德性。當他高瞻遠矚地預測到宙斯在天神之戰的勝利之前，他帶著泰坦神族之子的名號投靠了宙斯。但他是有意圖的，他想要在腳下這片樂土上創造一個國度，他知道天神將種子隱藏在泥土裡，聰明的普羅米修斯用土和水揉成了泥，照著神的模樣捏出了人的模樣。

　　人類雖被創造了，但他們並不知道文明為何物，普羅米修斯耐心教導人類如何辨別星辰與季節，探勘地下的礦產，教導分工合作。在天上的宙斯很願意保護人類，但要求人類服從以為報答，他不惜違背宙斯懲罰人類的命令，他為人類帶來了火，卻也因為宙斯的報復而讓自己的弟媳打開了潘朵拉的盒子。

四、太陽神阿波羅（Apollo）

　　太陽神阿波羅是宙斯與黑暗女神勒托（Leto）的兒子。阿波羅是光明之神，在他身上找不到黑暗，他從不說謊，所以也稱作真理之神。阿波羅同時是男性美的典型，是九型人格分類裡，由宙斯刻意塑造出來的神格人格化的完美化代表，而以八號、五號、九號用來代表光明面。

五、智慧女神雅典娜（Athene）

　　雅典娜是宙斯與聰慧女神墨提斯（Metis）所生，雅典娜是具有威力與絕頂聰慧的處女神，她不只是為宙斯最寵愛的女

兒。雅典娜傳授希臘人紡紗、織布、造船、冶金和煉鐵等各種技能，還發明犁耙，馴服牛羊，因此她也是農業的保護神與法律和秩序的保護神，是第一、第五、第七號的代表型神格。

六、頑皮愛神丘比特（Cupid）

丘比特是戰神阿瑞斯（Ares）和愛神阿佛洛狄忒（Aphrodite）所生的兒子，他不會長大，背上長有翅膀，和他母親愛神一起主管神、人的愛情和婚姻，是第二號與第七號的愛與歡樂的神格。丘比特有一張金弓、一枝金箭和一枝銀箭，被他的金箭射中，便會產生愛情。相反，被他的銀箭射中，便會拒絕愛情。很多的愛情故事都是因他而起。

Chapter
05

The Enneagram

九型芳華，鑑古知來

性格移位：九型對
歷史人格的批註

　　在我們生活周圍的人群中，有著許多型的性格特寫附著在繪畫、建築、個人的舞台魅力、處事風格、職場特性上。這些人多數會自以為眼前的自己就是一個原生性格角色，但他們並不知道自出生後的性格發展，不論是自願或是受到了壓迫而改變，做好自己或為了他人而活著，而提早認識自己是一個傳播自我性格信息的人，比一般人更能夠定位自己處事的性格，這樣的人不一定是好人或是壞人，他們只是多數習慣使用有形或無形之力，試著來改變這世界，令自己的個性行為能夠舒服的世界，但是不約而同的都想介入調整受眾一生的性格，口刃筆刀，處處都見著人性被刻畫的痕跡。

　　九型人格的理論核心是發現自己，這些煩惱的源泉究竟是什麼？簡單點講，九型人格理論是了解自己與別人的內心動力的理論。九型人格並非宗教，現今各個學派的心理學家已經發現九型人格和現代的性格論述竟然不謀而合。九型人格論既簡單、精確，又寓意深遠。它描述了每種性格更高層面的認知，提示我們每天如何與自己的性格打交道，讓我們真正認識自己、掌握自己與別人變化的軌跡，如此幫助自己找到人生中暗自牽引你的命運鑰匙。

　　本章陳述過去歷史間所發生的時空往事，雖然都已孤鳴，卻能反覆嚼味。

第一節

內心與善惡的距離

在九型人格的各自人格內，都有所謂的善惡面，也就是心理健康層次的表現。正向思維會引導人格朝向健康、長遠的發展曲線；相反的，過度偏執，執著表述人格所彰顯的意象時，則容易走入罪惡、封閉，甚或有自殘、陷害、精神崩潰等負面的性格曲線。健康人格的養成，與成長環境、教養方式、同儕相處、感情因素以及職場上的際遇，都脫離不了關係。

探究影響性格健康面最主要的變異因素有三：

1. 從幼年時期所養成應對壓力的方式。
2. 成長過程之中缺乏對壓力疏解的陪伴。
3. 成長過程之中受到來自嚴重暴行的侵犯。

每個人都知道自己本來的性格是屬於哪一種歸類嗎？其實答案是否定的。可以這樣說，在沒有一個正確的引導與壓力釋放的指示下，是很難找回原本的自我。

每個嬰孩出生之時都是一張白紙，純白而單向。嬰兒的第一個朋友是父母，所以父母對於子女除了生育上的功能之外，還富有重要的陪伴與引導責任。性格的遺傳有一部分來自神祕的家族性，有一部分直接承襲到母體懷孕時的心情，當妳快樂，他能感受到妳的快樂。當妳抽菸喝酒、心情惡劣時，內分

泌系統會直接影響到他的神經長成。嬰孩缺乏來自一方的愛，自然造成某些不可見的情緒破壞。

父親與母親在目前的社會上仍扮演不同的教育與養育功能，不可否認的，在養育初期雄性動物往往都被另一半嫌棄不夠貼心，沒辦法分攤另一半的辛苦。可是當孩子漸漸長大，父親所扮演的角色會是一個協助社會化的引導者，許多家長有錯誤的觀念，放任不代表放縱，學習不代表能隨意的逾矩。是非觀念就在家長的矯枉過正與跟風流行之下逐漸扭曲，因為人格的分異點在於他們有沒有學會尊重處在相同時間空間的人，他們想要獲得的尊嚴有沒有被外人所尊重。當一個小朋友在學校故意揍人，或許他已經一個月沒有跟父母在一起吃飯了，或許大人忙著滑手機、看直播、打電玩，小孩就隨他接觸他難以理解的東西。性格的養成，是陪著孩子認識真正的自己，而不是用錢堆出來的展示商品。

一、第一號人格：遵守原則者的善惡性格

遵守原則者的個人特質是對事情的精準與嚴謹，一絲不苟的特性在許多方面顯得能力卓越，見識非凡。為善面的第一人格發展會隱藏自己對高標準的貪欲，轉為以高尚德性來引導眾人往正確的方向前進，他們扮演引導者、師父、君王，甚或神的代言人的角色，創造出真理來普渡眾生。但完美的標準使他遺忘了自己真實的願望，缺乏耐心與對背叛的恐懼，使自己的情愛顯露出純白無垢的特質，喜歡監控，掌握對方的一舉一動。

第一號人格也是人格分裂者的主要成因之一。

對孩子來說，早年過度的言行教育會使其人格發展對於不完美人事物有嚴格的批評，羞於與其為伍，但自己更擔憂自己沒有辦法達到完美標準時，那些來自眾人的數落。當這樣的性格走到極端時，自己的完美變成唯一的標準，失去了愛人之心，失去了別人參與共同修正的空間。一種替天行道（其實是替自己）的大頭病上腦，善與惡分裂成為不同制裁者的分身，甚至產生了制裁者的分身，只要能讓自己說服心裡的魔鬼，別人的生死已經不再重要。

比如《我們與惡的距離》這部近年台灣最成功的電視劇裡，雖然影射了轟動一時的隨機殺人事件，而讓某些人認為原劇本是在受害者家屬的傷口上灑鹽。不過也確實讓更多人知道，其實在這些加害人的周圍親屬，也是另外一個層次的被害人，他們不一定是原罪，但是卻不能完全置身事外，當然，一味因為電視手法而導向這個殺人事件的是非正義，就會誤解了人格成長教育的重要性。許多在所謂精神分裂領域裡的加害者，因台灣對於精神鑑定的深度不足而帶有某些程度的審判遺憾，但是我們可以知道，在一個第一人格的性格出軌之時，他會因為受不了壓力逃到了第四號人格的陰暗區塊，呈現出第四號人格悲傷且陰鬱的特質，也就是自己無法駕馭自己所建構的世界，在無法駕馭之時，人格中會分裂出許多保護該行為合法化的人格，比如殺手，毀滅的動機是因為別人欺負他，以及被賦予成為侵害化身的仲裁者，在這些人格分裂的世界裡，原生

的第一人格他不一定是這個世界的王，而往往只是在這個世界裡能夠活好每一天的人，一但這個規則被破壞，也就落入了需要重整的殺戮手段。

二、第二號人格：成就他人者的善惡性格

成就他人者的人格特質是付出，希望給予別人溫暖，這些特質的善面給人的印象是「永不放棄」，他們會牽引被關懷者隨著自己的步伐走出陰影，在群體中特別熱心經營溝通與付出，臉上總是保持正向的微笑。但當他們認為自己的付出已經達到一定的程度時，他們的操控欲就顯現出來了，變得沮喪、陰沉。

第二號成就他人者善惡性格的轉變，來自於對「不理解自己的處境」的壓力堵塞。他們害怕沒有真正的自我，害怕被複製，害怕模仿他人。在社會上有時看見暖男殺人，同學眼中的熱情大男孩竟然冷血殺掉心儀的女生。許多這樣的人從小就是一個人人眼中的善類，而他對不一定喜歡他或將他當成好友的人，用他自己的方式去愛與付出，而忽略對方的推拒。在宗教者的眼中，惡果的個性變成給予是對弱勢者的一種嘉勉，如果捨棄嘉勉不要，那就是對於神的褻瀆，必須消滅弱勢者。

有時候我們看見某些富有愛心的宗教者或醫生，往往會做出驚悚社會的殺人與性侵幼童的案件，這在國外的案例中，背後很多來自於原生家庭的處境與成長環境，當他們心境健康，

是社會上極富影響力的善心人士，當他的愛被玷汙了，或是被質疑超過對愛的負擔之時，他會選擇最能夠宣洩情緒的方式，來滿足自己對於愛的周全的解釋。

三、第三號人格：成就者的善惡性格

成就者只許達陣，沒有藉口，為了證明我的優秀，我所做的每件事都必須成功。

「工作狂」是成就者人格給人的印象，許多優秀業務人員都有相同的特質。認為一個人的價值乃是以金錢、成就以及社會地位來衡量的。因此他們隨時保持自己的競爭力，廣闊交友，健談風趣，也變得好鬥，怕失敗。

也因為怕失敗，怕失去眾人的目光，善惡性格的分歧從此產生。

最有名的例子是曹操，其非第八號的君王博愛者，時勢上的壓迫讓他完全變成了第三號梟雄型的自我成就滿足者，他思考的是，自己若沒有成就，先征服別人，就沒有人會消滅我。這型人格的主要特徵為，具有強烈的好勝心，以成就衡量自己的價值高低，著重形象，典型的工作狂，非常懼怕表達內心感受，不擇手段達到成就代表自己與別人的不同、羨慕，成為眾人追隨的共主。主要特質為自信、活力充沛按著自己的藍圖過活。

善良型的成就者比較能夠兼顧他人的觀感，有時在壓力來時會退向六號人格，從而改善自我對於成就的定義，大愛上升時，也有轉向光明八號人格的傾向。但是反之，進入惡型的第三者就是一個極欲掌握生殺大權，寧負千萬人，不願人負他的狂傲者，心裡會有極度滿足與空虛的落差。

四、第四號人格：憑感覺者的善惡性格

憑感覺者是一種典型的迷戀自我者，活於自己的伊甸園，渴望標新立異，認為自己是獨一無二，不喜歡抄襲與複製，對於情緒十分敏感，憑著感覺做事，對於愉悅與悲傷特別能夠闡述，能夠活在別人無法想像的昨日世界，卻也是偉大的藝術家人格。

這些人對事情與先機有極高的敏感度，容易對於困苦認同，因此是在創業時非常好的諮詢夥伴，創傷時的心靈導師。他們天生大多善良，喜歡追求因憂慮帶來的絕佳刺激，因此這人格的人有天生的審美感。

這樣的孩子因為特立獨行，往往在幼年時不一定是東方社會所喜愛的「有紀律」的孩子，當責難變多了，這樣的性格會轉為孤僻，他們總是相信現實社會外還有一個精神國度，只要能尋找到鏈結的支點，他必能在那裡充滿自信。一但失去了愛，鏈結的國度會隨之崩壞，因此他們不一定隨便碰觸，一旦情緒壁壘開始崩壞，舉目所見的世界一定愁雲慘霧，隨之而來

的性格轉變就是放棄人生與自殘行為，或者是毀掉不認同他的人事物，知覺失調都是這個時期會出現的現象。

第四號人格希望在國度裡找到愛，而不是找到規矩，有了愛，可以到處任意奔馳、散發光熱。相對的不拘束他人的完美為完美，不以他人的眼光為眼光，或許才是這類人格能否健康處世的生活指標。一當他在意了你對他設下的惡的標準，那就是他開始變異的時候。

五、第五號人格：理性分析者的善惡性格

多看多聽，小心再小心，保護自己才是最重要的，但這跟順從他人的意思不一樣，這類人有極高度的智慧，不太喜歡輕易追隨與崇拜他人。

理性分析者人格富有極高的理解力與洞察力，對於事情保持深度思考理解的態度，喜歡研究知識，對於社交活動不是特別熱衷，喜歡特立獨行，極度相信自己的判斷，注重隱私與志同道合的小圈圈。

這樣的善類人格，面對別人的諮詢時，總是能夠給予極度正確且一針見血的分析，當此類人格到達了一種全德的狀態時，不再注重過度的私慾與保護時，貪婪的念頭在心中消失，也就能成為一個偉大的思想家與智者的類型。如智者亞里斯多德、柏拉圖等。

這一些人格由自我保護到引導旁人進入思想教育的善界，卻拒絕透由面對現實環境的學習適應挫敗，是個性轉戾的關鍵點。

防守與抵禦會影響這類型的人在面對思考與創造障礙時所展現出來的惡性轉變，他們變得不切實際，想用隔離來逃避孤獨，與世隔絕的極端會使自己陷入一種長年遭受不知名的人攻擊的狀態，逐漸開始出現幻聽、幻覺、被迫害妄想症的情形。嚴重的人會自閉自殘，甚至自焚或成立偏頗的信仰團體，以達到保護自我失樂園的狀態。

六、第六號人格：尋找安全者的善惡性格

尋找安全者人格可以說是悲觀主義的代表性格。他們主張安定，當他們面對外來事物時，總是能夠以最快的速度觀察到所帶來的威脅，分析總是以最壞的結果作為出發點。雖然最後多數能將事情處理完畢，但由於過度謹慎，往往錯失了成功的機會點。極度要求忠誠，重視對人的承諾。這樣的人天生有著一股對人性的懷疑心，一旦認定某人，自己的生命與價值也就歸屬於他崇拜的對象了，在外部，由於懼怕別人一眼看出自己的膽怯，往往會尋求堅固的情愛關係，並熱衷展現熱情與美麗。這樣的人也具有強烈的責任感，善於在逆境之中反敗為勝。

第六號的善念來自於忠誠，因為忠誠與幫助的善念會壓抑自己對於疑惑的敏感，所以這樣的人喜歡團隊，他們喜歡挑戰

權威的壓迫，所以也不會將自己推上了權威的位置。第六號人格的善念發展來自於對於懷疑直覺的改善，不再認為身邊的人都存有惡念，而淡化了自己自我保護的惡念，他們能夠轉化懷疑變成對他人的支持，同時也改善了因過度懷疑而拖延自己行動效率的現象。別人的讚美可能在他耳中聽起來是客套話，而「話中帶刺，話裡有話」，他們善於由別人的舉手投足之間判斷這個人的「道行」與「虛偽」，在情感與渲染力上容易獲得支持者的追隨，這個方面一向是善，反之則趨惡。

這樣的惡念來自於害怕失去自己理論的支持者的熱情，於是有時將提出質疑者視為叛將，對反叛者多加撻伐，甚至走上暴力報復的方向，當他們質疑忠誠的含金量時，會走向到第三號人格的欺騙、虛榮、不擇手段，並與另外一種妄想者組成精神同盟，最後因為自認無法躲避權威者的制裁，而走向獨裁或做出一些殘害社會的事。因此第六號人格最喜歡對自己玩的一個遊戲，就是「自欺欺人」，他深深相信，他高度懷疑之後的慎思劇場，一定是真實世界當中所發生的真切情況。

七、第七號人格：創造可能者的善惡性格

創造可能者是先天的樂觀派，喜歡追求新鮮與刺激，麻痺自己對於現實生活中所面對的困境，樂於帶給周圍的人歡笑，喜歡自由自在，厭惡權威與束縛，肢體語言豐富，搞笑的神態常常偏離主題，創造歡樂的手法，常常讓人摸不著頭緒。

這一號的人都有其獨特的魅力，幽默風流，美韻留存，對周圍觀賞的人極富吸引力的享樂型，是人人眼中的全才，善於轉換挫折帶來的失落，能快速脫離傷痛。這類人格的善念能力極強，歡樂渲染力與團隊鼓舞的效率極高，他們不喜歡枯燥的單向目標，也不容易將注意力集中在單一件事情上，卻能夠藉由在工作或承諾中所預期的歡樂成就感，比如組織出國的旅遊規劃，工作之餘要盡情享樂這件事情上獲得極高的評價，會讓他們有一種演而優則導的感覺。

但在壓力狀態下，沒辦法達成歡樂目標的他會讓自己向第一號的焦慮型逐漸靠近，逐漸害怕壓抑不住欲望的焦慮下，習慣用過度的奢華來滿足自己的歡樂，「強迫」自己陷入妄想與焦慮，抗拒他人限制自己擴充精神的領土，與任何道德性的勸說，更嚴重者，會被貼上「歇斯底里」的失控惡行的標籤。

八、第八號人格：保護者的善惡性格

沒有更強，只有最強。天生領袖，捨我其誰。

保護者的條件是絕對的魄力與對目標的執行力，他們善於知人用人，尊重對手，保護陣營內的弱勢人群。保護者的人格有相當的氣度，時時關懷與幫助他人，他們容易控制自己的脾氣，目標高尚，善度時勢，容易組成追隨者的氛圍。尤其在歷史上朝代覆滅的前夕，肩負著時代重生的偉大使命的十字架，最容易有此類英雄人物的產生。

此類善念的人總是帶給人們希望與信仰，打開貧富、階級的藩籬，勇於提拔出身布衣卻有超人才能的人才。

另一方面，當自己握有相當實力的時候，關於掌握生殺大權這件事，也就成為性格善惡的分水嶺。有領袖性格的人不容易屈服在他人的支配之下，尤其是他們喜好以財富權勢鬥爭等方式取得壓倒性的勝利。善者博愛強勢，為天下福祉而福祉，因此創作人格屬於大格局。惡者過度固執，強迫別人接受自己的創作。而有一種是妄想成為第八號人格，卻在各方面是個不折不扣的軟柿子，例如七號人格的後主劉禪，一旦掌權，善則權臣掌國，惡則大殺四方，成為文字獄的推手。

九、第九號人格：維持和諧者的善惡性格

維持和諧者人格以天下為公，以和為貴，萬事中庸，八面玲瓏為宗旨。

這類型的善念人格往往以眾人的協調結果為事情的結果，處於一種長袖善舞的優美狀態，不喜歡張揚自己的光彩，對於意見不合的反應，總是以拖延回答來表示自己的不苟同。這樣的人對於弱者富有同情心，善於公關，卻又有優柔寡斷的慢條斯理，他們對人的協調總是傾聽，會讓對方充分表達意見後再善意附和或增加建議。而這些建議已經是他吸收反方意見後，所美化的優美旋律。

他們從不主動，容易隱身在人群之中。卻習慣站在旁觀者清的位置上隔山觀虎鬥，因此對於雙方的優劣勢判斷極準，卻也不代表任何一方的勢力給予對手方致命一擊。

惡念的維持和諧者人格由壓力以及厭惡被他人操控的情境開始轉異，他們開始懷疑自己的人生怎麼一點主見都沒有，身上沒有因為居間協調而獲得的好處，於是開始懷疑自己，消極轉為積極抵抗別人的忽略及詆毀，捍衛自己的利益。

由於他們開始解離自己的價值，使得忍耐將人格支解，變成毫無意義的遊魂，他會自我封鎖，甚至飄盪在人間，了此一生。

第二節
內化的凝視

「性格內化」的學習過程，可以幫我們找到自己原來的歸屬性格，例如一個看起來暴戾無行的激進分子，幼年的性格真是如此嗎？人人口中的恐怖分子，在新聞媒體的放送之下，怎麼判定他原來是不是一個為了眾人權益或民族生存而奮鬥的偉大分子。雖然所謂「伊斯蘭國」這樣的血腥暴力行為實不可取，但有誰能真正發掘在這一切的後面，沒有比血腥暴力更加黑暗的惡魔勢力在壓迫著他們？權力能鼓動人

心，也能夠蠱惑人心。由宗教經典裡所闡述的真言微義，可以端視明鏡，返璞自省。

一、第一曲：宗教的分說

（一）佛教的「三毒」說

樹常出現在佛教的經典記錄裡，因為樹代表涅槃與智慧。

《佛說阿彌陀經》說：「極樂國土，七重欄楯，七重羅網，七重行樹，皆是四寶周匝圍繞，是故彼國名為極樂」。其實此處的樹，說的是智慧。有智慧即高，沒智慧即矮，非身高而是智慧之高。佛教講究的是在苦海裡普渡眾生，所為眾生，原本是指落入輪迴時的三界魂魄，後來因為人類的三毒過度氾濫，眾生後廣義指在三界裡的所有生物，尤其是指人類而言。

佛教的三毒為「貪、嗔、癡」，三毒為諸惡首源。貪為三七人格，嗔屬一八三人格，而癡則是綜合了四六一人格的特性，這裡面為何沒有二九人格呢？二的正向性為給予，施愛。而九號不爭、謙和、折衷，此兩類型的人格不容易著迷，能歸類於佛教中的無著相與善良意。

惡發自於本心對於欲望的無止境追求。而在地獄與輪迴道的芸芸眾生，在人間則靠著觀世音菩薩及諸大菩薩的導引讓人向善，在地獄懺悔的則交由地藏王菩薩負責讓人省思，期望能避免再度淪為輪迴下的產物。「三毒」則被界定為惡之起源，是腐蝕人類心靈的罪魁禍首，一切煩惱和不善法的根源。

　　佛教的教義中認為，貪是產生一切修行障礙與煩惱的根本，並將貪與瞋、癡等一起作為有害眾生修行的「三毒」。小乘稱為「不定地法」之一，大乘唯識稱為「煩惱法」之一。

　　《俱捨論》依貪著對象區別，將貪分為四種：一顯色貪、二形色貪、三妙觸貪、四供奉貪。《瑜伽師地論》中則分為事貪、見貪、貪貪、慳貪、蓋貪、惡行貪、子息貪、親友貪、資具貪、有無有貪等。形色慾權，乃是三七人格的顯性特質，重犬馬而溺聲色，喜歡樂而圖自娛，過度沉溺的著相，實不符合超脫修行的要義。[1]

　　貪毒本為眾生所共有，原形就是第三人格，為了欲念能夠不顧一切的執著。經中有貪行人之說。貪行人的特性是自我愛極其強烈，虛榮心重，對自他的感受和情緒都能瞭若指掌。《大乘義章》卷五說：「於外五欲染愛名貪。」就是指的這個意思。佛教認為，眾生生活於世間，以眼、耳、鼻、舌、身等器官與外界相接觸，產生色、聲、香、味、觸等感覺。這些感覺能引起眾生的利欲之心，因此叫做五欲。於此五欲執著並產生染愛之心，就成為貪。

　　瞋毒，又名瞋恚，是由於欲求不滿所爆發的敵意情緒。瞋就是生氣，憤怒。為了原則牴觸而憤怒，為一號人格。為了眾人國家利益而憤怒，為第八人格，為了私利欲望而憤怒，為第三號人格。短短的人世旅途中，為了確立自己的生存地位，對

1　取自：https://www.newton.com.tw/wiki/%E8%B2%AA%E5%97%94%E7%97%B4/2163885

於所有違逆己情、不如己願的處境，不問是非曲直，便猛然生起忿忿不平之感，小則懷恨在心，大則怒火爆發，做出損人害己的惡行。瞋恚是三毒中最重的、其咎最深，也是各種心病中最難治的。瞋恨的心理狀態，名目繁多，《俱舍論》將忿（怒）、恨（內懷怨結）、嫉（妒）、瞋行人的勇猛剛強、無所畏怖、剛愎自用，類同於九型人格感官組型中第三號的陰鷙惡謀的個性。至於喜求他短，愛好評判，是第一號人格的本色，為了領袖之風，義氣相挺而憤怒，乃為八號人格。

癡毒，又作無明。指心性迷暗，愚昧無知。《俱捨論》中說：「癡者，所謂愚癡，即是無明。」第四號人格從事藝術或天賦才能的人，往往沉迷於自己的領域，第六號人格蓋起自己的耳朵躲在井底。毫無自信，因畏懼別人的算計而沉迷於自己的算計。第一號人格堅持自己的原則，沉迷於自己的烏托邦美好世界。佛教認為，眾生因無始以來所具之無明，致心性愚昧，迷於事理，由此而有「人」、「我」之分。於是產生我執、法執，人生的種種煩惱，世事之紛紛擾擾，均由此而起。因此癡為一切煩惱所依。

佛教經論對於人類思想行為的導念，諸惡既存，無有教能導之，唯有自省，透過諸佛的正向導念來將眾生的偏移導回正軌，朝向佛之正果前進。

（二）基督教：救贖的永生

早期基督教的教義主要來自《聖經》，以後隨著歷史與朝

代的推進，基本的信條有以下內容：[2]

1. 十誡

除了上帝以外你不可有別的神；不可為自己雕刻和敬拜偶像；不可妄稱耶和華你上帝的名；當守安息日為聖日；當孝敬父母；不可殺人；不可奸淫；不可偷盜；不可作假證陷害人；不可貪戀別人妻子和財物。

2. 三位同格

這是基督教的基本信條之一。相信上帝唯一，但有三個「神位同格」，即「聖父耶和華」，神格——天地萬物的創造者和主宰；「聖子耶穌基督」，神人同格——上帝之子，受上帝之遣，通過童貞女瑪麗亞降生為人身，歷經「受死」、「復活」、「昇天」，背負了罪的十字架為全人類作了救贖，必將再來，審判世人；「聖靈神格」——上帝的聖靈，萬物的保護神。三者是一個同格，卻有三個不同的個體。

3. 信原罪

這是基督教倫理道德觀的基礎，認為人類的祖先亞當和夏娃因偷食禁果犯的罪傳給了後代子孫，成為人類一切罪惡的根源。人生來就有這種原罪，此外還有違背上帝意志而犯種種「本罪」，人不能自我拯救，而要靠耶穌基督的救贖。因而，原罪說以後逐漸發展為西方的「罪感文化」，對歐美人的心理及價值觀念影響深遠。

2　參考編寫取材自維基百科、中國社會科學院宗教研究中心（2004），《世界宗教總覽》（簡體版）等。

4. 信救贖

人類因有 sin 和 crime 而無法自救，sin 是一種過錯，如宙斯的好色，crime 是一種犯罪，在神國是唯一死刑，在人間則要靠信仰的救贖。要靠上帝派遣其獨生子耶穌基督降世為人做犧牲，成為「贖價」，作了人類償還上帝的債項，從而拯救了全人類。

5. 因信稱義

人類憑信仰就可得救贖，而且這是在上帝面前成為義人（淨靈者）的必要條件。

6. 信天國和永生

人的生命是有限的，但人的靈魂會因信仰而重生，並可得上帝的拯救而獲永生，在上帝的國得永福。

7. 信地獄和永罰

人若不信或不思悔改，就會受到上帝的永罰，要在地獄裡受煎熬。

8. 信末世

在世界末日之時，人類包括死去的人都將在上帝面前接受最後的審判，無罪的人將進入天堂，有罪者將下地獄。

基督教者深信世界末日的來臨，惟有堅定紀律與信仰，才能夠從毀滅之中獲得救贖，而最後的審判乃是永生天堂與地獄的分水界線，為了達成這個時代性的使命，自基督教義源世以來，虔誠信仰者前仆後繼的苦諫修行，產生了許多偉大的信徒

代表性人物，以下試闡述之：

1. 使徒保羅

《聖經》中的第八號人格代表是使徒保羅，他從一個論斷、律法主義的人（論斷是第一號的最大弱點），轉變成一個願意為了跟隨耶穌基督而犧牲受苦的人（大愛）。

2. 聖母瑪麗亞

耶穌的母親瑪麗亞是第二號人格的代表，不計自己將面對的代價，願意順服上帝的心意，成就神的榮耀。她以童女之身受孕生下了耶穌基督。有些人認為使徒約翰也是第二號人格。

3. 分海人，摩西

追求成就，以成功為導向，有時候會太在意別人怎麼看你自己，然而你是忠實又專注的——就像摩西，最終順服上帝，帶領祂的百姓走出埃及，最後這件事讓摩西的偉業傾向第八號。而愛好權勢的猶大則歸於第三號。

4. 大衛王

擁有豐富深刻的情感與自我表達，追求獨特。大衛王就是八七號人格，從詩篇中可以看到他對上帝全心敞開感情。當你開始覺得好像只能看到自己的痛苦、無法關注其他事情時，效法大衛王也是一種自我救贖的途徑。

5. 傳史者，醫生路加

不太注重感受，喜歡學習，擅長邏輯與思考分析。若是不健康的第五號有時候會讓人感到有距離感，然而若你

以耶穌為中心，則可以洞察出真理中的智慧。路加福音與
使徒行傳的作者──醫生路加就是《聖經》中第五號人格
的代表：一位富有洞察力、具有聰明智慧的人。需要先看
見和理解才相信的人：另一位多馬，也是標準的第五號。

6. 忠誠者，路得

忠誠於上帝及耶穌的路得，很關心自己被呼召所屬的
人或地方。若是不健康的第六號，可能會出於恐懼而做決
定，然而你可以學習路得，願意承擔風險來成就神的喜悅
和偉大的計畫。忠誠但有時候膽怯的彼得，對於信仰是完
美的苛求，此時的表現則是第一號與第六號。

7. 享樂主義者，巴拿巴

充滿活力，生活多采多姿的巴拿巴，會帶領大家歸向
神。帶領與歡樂，是屬於第八號與第七號的人格特質。當
你投入一件事，你能全心全意地投入，也能如此為主服
事。致命弱點是對於所有生活的熱愛可能會導致第七號走
向沉迷放縱。

8. 支配型，所羅門王

所羅門王具有侵略感與領袖風範，在乎正義。不畏強
權，不為自己而是為他人的利益，謹慎保持自己的野心並
發揮出自身優勢。摩西的姐姐米利暗也是第八號。

9. 和平主義者，使徒約翰

使徒約翰很容易就可以與他人連結並使人感到自在，
幫助人與上帝和好。

假使你的溫柔體貼可能讓你害怕與人起爭執衝突，然而要相信神會在這之中指引你使用你的恩賜，讓更多人看到什麼是在耶穌裡的平安。

二、第二曲：歷史人物談九型

(一)功業歷史人物「憑君莫話封侯事，一將功成萬骨枯」

九型人格之說將人們內心的心理結構與特質進行歸類，進而發展出一種性格與行為預測的模式。然而，正所謂「相由心生」，因此，我們會發現，相同性格的人，其氣質、神態等，通常都會有相似之處。不過，由於每個人各有其不同的成長背景、教育水平、職業、社交等，這些環境因素皆會間接影響我們的情緒與決策行為，這些名人的功過由歷史的回溯，不難看見性格真理的影子。

1.話一：東梟西雄為誰忙

在法國大革命之前，歐洲的政治版圖可謂強權林立，卻又黑雲罩頂。政治利益與國家利益的分配往往結締著豪族婚姻，在這其中有民族遊牧勢力太多的如波蘭，不知何去何從導致角頭國家叢立的德意志聯邦，還有許多小型政治板塊的移動是附庸著某些爵士女兒的高貴嫁妝。但是人民卻完全沒有選擇領導者的權利，只能嫁雞隨雞，嫁狗隨狗。

(1) 拿破崙、希特勒

　　拿破崙是法治和民主的捍衛者，拿破崙執政期間，頒佈了對法國影響深遠的《法國民法典》，並一直對此貫徹落實。可以說《法國民法典》的頒佈，確保了私人財產所有權的神聖不可侵犯，確立了市場經濟條件下的商品交易和價值秩序，進一步傳播法國資產階級革命的勝利果實，維護法國普通民眾的基本人權。這種捍衛領土性的偉大宏舉，抵擋外族入侵的情操，即便他的下場未能善終，他無疑仍是八號人格的偉大代表。

　　後世對於希特勒所推崇的法西斯制度，認其本質是一切為戰爭服務，不管是本國國民的財富，還是被侵略國家的財富，都是法西斯政權掠奪的目標。但是站在德國人的角度看，開疆闢土是為了德國的強大，元首所做的每一件事是為了國民，即便小有缺失，但仍然是一個致民族復興的偉大英雄，歸類於八號人格。但是對於其他周邊的國家就慘了，希特勒只是為了滿足私慾與好殺，是一個慘忍的第三號暴君。

(2) 蔣介石、周恩來

　　蔣介石是一個鄉間的武夫出身，投身於軍旅，他與蔣宋美齡、孫中山、國民黨、日本人，以及毛澤東、周恩來等人的恩怨情仇，鬥智鬥力，可謂是中國近代史上最精采的章回小說。蔣介石生平好大喜功，卻又能夠熟讀史書，富有謀略，善於為了目的而不計

一切代價，蔣介石是為了個人的高位而戰，卻又被推上於國家民族復興的操盤手，一生功過難以論定，可以說具有第八號、第三號、第一號的綜合人格。

周恩來是毛澤東的首要軍師，地位可比當年曹操身邊的荀彧。只是周恩來是一個不折不扣的文人，他胸中所繫乃是廣大中國人民的福祉，是一個有高尚情懷的第八號與第五號代表。

(3) 蔣宋美齡、麥克阿瑟

蔣宋美齡女士出身於豪門，財富、美麗與智慧兼具，慧眼獨具下嫁給蔣介石成為了顛頗中國之中的女權代表人物。蔣宋美齡擁有極度高明的社交手腕，救蔣介石於西安，出席羅斯福會議，在聯合國大會上慷慨直言，雖然晚年傳說紛紜，基本上還是歸於有二八號人格的特質。

麥克阿瑟為太平洋聯軍統帥，但後世給他的評價卻與艾森豪將軍截然不同，艾森豪將軍不擅言語，卻是兢兢業業、踏實穩健的軍人，而後世認為麥克阿瑟極善於在鎂光燈下出線，操弄媒體公關的能力一流，可謂是三七號的傑出代表。

(4) 杜魯門、柴契爾夫人

杜魯門在中國尤其是台灣人的評價不太好，主要是他對台灣的立場不太友善，但我們從記載中發現杜魯門是一個比較沒有心機而容易被算計的人。他在當參議員期間仗義執言，極有自己的原則，後來的水門

通俄案應該也是被栽贓的，因此他屬於第一號與第八號的人格特性。

柴契爾夫人與杜魯門出身布衣，深知民間疾苦，個性堅毅，卻能以天下和平的目標為己任，她對英國與盟國的勝利鞠躬盡瘁，卻免不了最後被逼退位交出大權，事後卻能恬然處事，高尚的情操，是第二號、第八號與第九號的政治典範。

2. 話二：三國英雄浪濤盡

在東漢末年，群雄並起，天下紛擾，民不聊生。三國時代作為中國歷史上最精采的劇本，裡面各式在時代壓力鍋下的英雄豪傑的人格紛呈，值得玩味。

(1) 呂布

一個武藝超群的將領人才，毫無心機，他的 EQ 極為貧乏，對於天下絕無一統的野心，是一個標準的三七人格，呂布起初只想在一個賢能的君主下作一個頭牌戰將，他對成功的定義是武藝天下第一，美女天下第一。但由於他太強，個性容易受到物質的誘惑，先被董卓以義子身分套住他的頭頸，後被王允用了漢天下大業為口號，實則是送了千古美人貂蟬為誘因，將呂布唬得一愣一愣的，最悲慘的莫過於被陳宮以天下己任的大帽子制住他的死穴，因為呂布這樣個性的人，絕不能讓別人偷走他嘴裡的糖，除非你給他整屋子的糖。

這三七性格的呂布大將軍，最後落得身首分離，連貂蟬也落入曹操的帳幃裡。

(2) 曹操

昔汝南許劭有云：「子治世之能臣，亂世之奸雄也。」許邵是當時最有名的評論家，從曹孟德未上位之時已能透析這個人的骨裡乾坤，曹操識人重人，執行力與思考力堪稱舉世無雙，他可以君臨天下，可以沒穿衣服鞋子半夜迎接對方的叛將如許攸，心裡的權謀如針一般的綿密，曹操是三國時代最具第三號人格的代表性人物，他曾說「寧使我負天下人，不容天下人負我」，孤寧於自身成功，是這號人物的特性。

他的首號幕僚荀彧，卻是個典型的漢王朝擁戴者，不一定要昏庸的皇帝當王，但道統卻不可滅，所以即便功勳卓著，仍不免被曹操賜死，鬱鬱而終。

他的堅毅與獨到的魅力，由他敢於衝撞權威一事可以端見。

曹操二十歲被舉孝廉，先入京為郎官，後來被任命為洛陽北部尉。初到任，就造五色棒十來根掛在衙門兩側，有違反漢律的，亂棒打死。中常侍蹇碩的叔父蹇圖違反宵禁規定，就被曹操亂棒打死了。這件事當時影響很大，曹操初為官，就敢在老虎嘴上拔鬚，可見註定是個成大事的人。

曹操可以說是古今中外一個非常傑出的英才與梟雄。他是富有鷹狼之性的第三號，卻又藝出超群，孤

芳自賞，知人善任，唯才適用，他講究別人須對他知恩圖報，但是對於愛好和平與和睦共處這件事，卻又沒辦法存活於他的人生辭典裡。

(3) 劉備

　　三國裡面最令人佩服的君主是劉備，劉備的猜忌心極重，跟舜帝的處境有點像，但上天給了他一個忠厚老實的外表，跟充滿正義感的一套說詞，「漢中山靖王之後，淪為織屨販席之輩。但漢賊不兩立，揭竿起義，消滅國賊，扶持漢室。」城府之深，令人咋舌。他收服了當時最勇猛的關羽、張飛和趙雲，委身袁紹與劉表，運用別人的資源安身立命，可以說是一個非常擅長打絕地戰的高手。這樣的人有著異於常人的情感天賦，有極強的渲染力，執行力與堅忍不拔的忍耐力，的確是一個十分傑出的梟雄。

　　劉備與曹操是極為不同的領袖型人物。以出發點來看，劉備以復興天下為己任，一生浮載於顛沛流離之中，雖是為了領地而取劉璋，起因卻是因劉璋的先發制人而反攻，但他的第八號極為陰柔，是絕佳的人格領袖，對於自己人總是無償的信任與付出，而且給予百姓極大的福祉，又是智慧極高的第二號。但是也免不了流於算計諸葛亮替他保住了劉禪僅存的幾年皇帝命，可以說是一位御人之術極高的君王，他知道唯有打著以興漢為己任的大纛，才能招攬一群才智傑出，又自命清高的英才跟隨他顛沛流離。

(4) 孫權

孫權可以說是銜著一半金湯匙出身的公子哥，終極一生不愁吃穿，他不知道窮人家過的是什麼日子，但是他有一個非常傑出的特質，就是他能在君王之尊的前提之下，以大局為重，有著史上最高明的「老二哲學」，這點跟他的部屬魯肅非常像，他最愛的不是周瑜，而是魯肅。因為孫權從來就只想守住江東，而不得不用周瑜這樣厲害的人在他面前大呼小叫，奪了自己的兵權。甚至聯合劉備與曹操攻擊對手，只為了「守住江東」這件事。

他是一個絕頂孝順的人，有著敦厚又安全感不足的個性，可以說有點優柔寡斷，這樣的君主只能捍衛自己領土的權力，無法與天下爭雄。由他任用的重臣之中可見一番，如張昭、呂蒙等。但對於立下汗馬功勞的周瑜、陸遜等人，卻滿懷猜忌，因為這些人心機太重，功高震主。

孫權是孤芳自賞的第一型，擁有君王之姿，過人英氣，堅守牢不可破的江東之術，使得在廟堂之上他往往需要被激怒，才能讓他有成為一邦之主的霸氣，他不喜歡芒刺在背的感覺，對他來說，內在的潛在政變威脅，遠比外部的曹操與劉備可怕。因此危及江東的命脈時，也就踩到了孫權的紅線，他就被激發出全力一擊的堅毅個性。

他愛魯肅遠勝過於周瑜，只因為魯肅是自己的人馬，主張自保，魯肅並無二心，鞠躬盡瘁的個性與諸葛亮頗為相似。

(5) 袁紹

　　三國裡面最為悲情的大地主。他並非歷史裡說的優柔寡斷，而是一個被寵壞的小孩，從小養成一個高高在上、順他者生、逆他者亡的性格。如果有一鍋飯是白的，他會因為眾人喊他大哥，而將那鍋飯說成黑的，而說白飯的瞬間會由忠臣變成佞臣，即便那忠於他十幾年的將領立下了汗馬功勞，也能一眼翻黑。其實年少時的袁紹是有膽識的，但他就像角頭大哥的兒子，只敢帶一群人去械鬥，單槍匹馬是不敢的。這種膽識跟呂布、關羽甚至曹操等人是不同的。

　　袁紹有著極明顯的富二代個性，為事極為剛愎自用，喜歡聽好聽的話，愛用近臣，對於帶槍投靠的，總是不能夠剖心貼腹，所以他是典型的第三號狂妄人格，卻又遇事怕事，愛佈施又希望人家給他掌聲，一但收不到肯定，他會覺得很失落，轉為憤怒，就會想盡辦法報復。他也希望當一個天下共主，即便有著豐厚的家學與資源，卻永遠走在第六號的下乘。

(6) 周瑜與諸葛孔明

　　「既生瑜，何生亮」，周瑜大叫三聲後吐血而亡。

　　孔明親自扁舟孤身前往弔謁，並唱讀祭文，使得人人涕泣，感謝孔明大義，不計前嫌。

　　其實孔明不像《三國演義》中說的那麼得志，《三國志》裡他也不過是幕僚中的一人，地位不可與東吳的張昭相比。在《三國演義》裡的孔明乃是天下

第一人，而周瑜是一個與孔明有著同樣超人智慧，又精明能幹的傑出人才，可說東吳沒有了周瑜，早就亡國了。諸葛亮雖然身為重要的輔臣，卻太容易被忠孝仁愛所羈絆，正巧劉備抓住他這樣的弱點，託孤之時喚至床邊：「君才十倍於曹丕，必能安國，終定大事。若嗣子可輔，輔之；若其不才，君可自取。」諸葛亮聽後感激涕零，絲毫不敢有反叛之心。原因其一，是孔明對於君權太忠實，另外一點，以他的超凡視見，認為取而代之完全沒有機會。因為關羽、張飛兩人當年都因為兵權問題而差點殺掉孔明，孔明唯有站在劉備的基礎上，才能徹底發揮軍事家的雄心壯志，千里幃幄。這點跟周瑜的跋扈是不同的人格特質。

但同樣一點，這兩個人都很可愛，都被他們的主人完全吃得死死的。這兩人都是忠臣，周瑜為三一號人格，諸葛亮卻為五八號。只是周瑜偏向於性格上的第一號狹隘，諸葛孔明則導於第五號的權力虛空論。

孫策臨終時，對孫權說：「舉江東之眾，決機於兩陣之間，與天下爭鋒，卿不如我；舉賢任能，各盡其心，以保江東，我不如卿。」「內事不決問張昭，外事不決問周瑜。」他先將張昭定為第一輔臣，北可投降曹操求和，南可制衡周瑜奪權。後周瑜帶兵奔喪，看到大勢已去，那個皇帝小鬼又牽著自己的手哭了半天，良心發現，只好作罷。

(7) 司馬懿

他與諸葛亮、曹操可謂是三國時代最偉大的謀略家，司馬懿有著與諸葛亮極像的心思，比曹操更柔軟的身段。身陷無數次的君主猜疑與皇子鬥爭，卻能審度時勢，以守喪為名拒絕了曹丕的招攬，曹操知其為心腹大患，卻為了曹家的未來還是將曹丕託付給了司馬懿。司馬懿可說是三國裡面集合最多優點的權謀者，擁有最深遠的思慮與如老鷹般精準判斷的能力，他認為要減除曹家非一時一刻，後來由他的兒子完成了這項大業。

司馬懿是非常完美的第三、七號綜合體，堅毅沉潛，觀察力驚人，由於受到曹氏一族的精神壓迫，使他萌生了取而代之的念頭。其實骨子裡司馬懿早就想取曹魏而代之了，由他苦心培養的司馬師，司馬昭兄弟、與嚴厲沉潛的家規約束中窺見。曹操當年視他為大敵，說他有「狼顧之相」，因此派他輔佐幼子，想必這小孩子一定可以壓制得住司馬懿，沒想到幼子卻被曹丕謀殺，使得曹操不得不同意讓司馬懿跟曹丕「蛇鼠同窩」，延續了曹魏的歷史生命。

曹操這一招，卻也低估了司馬懿的能耐，終司馬炎一朝取而代之，結束了曹操辛苦戎馬一生打下的短暫光輝歲月。

(8) 曹丕

曹丕是個極陰森，時時活在刀下的可憐太子。造

就他超乎常人般的絕佳編劇能力，他的矯情做作，為求生存毒死了自己的弟弟，可謂手段異常殘忍。

曹丕就是一個完美計畫的執行者，他的世界裡沒有同情這兩個字。是屬於第三號的堅毅人格。善於觀察而後發，矯情做作，是第七號中的太子之術的佼佼者。

他與任何人搏感情，亦同時鬥智、鬥心機。凡事做到鞠躬盡瘁，令人感動。確實是職場裡面最厲害的角色類型。

3. 話三：封神榜上風成雲

在《封神演義》裡，世界分為仙山洞府與三界，仙山洞府是由仙道組成的昆侖山「闡教」和海外仙士、方外術士或得道禽獸組成的「截教」。三界則是玉皇大帝統治的天庭、商（殷朝）紂王統治的人間，和女媧統治的妖界。

《封神演義》起源於武湯伐桀後六百年，傳位於紂王，紂王好色欲盡攬天下美女於圍圄，一日於女媧神祭祀大典上，見女媧神之傾國之色，竟對女媧神起了色慾之心，在淫慾慫恿下題了一首愛慕之詩，女媧神見後大怒，召見三妖化身絕色美女入宮禍紂，狐狸精使用冀州侯蘇護女兒蘇妲己的身體，進入後宮迷惑紂王。此後，九頭雉雞精稱自己是妲己的義妹「胡喜媚」，也進入宮廷。玉石琵琶精先被姜子牙識破以三昧真火逼回原形，後又復活化作王貴人，女媧神決心結束商朝統治，一切的爭端由此開始。後結束於姜子牙封神與周武王封諸侯，擁護湯紂的眾仙為截道，擁護姬周的為闡道，雙方鬥智鬥法，為上古時期的

東方諸神大亂鬥。

在《封神演義》裡，封神榜封的神罕見地不把輔佐商紂王的一邊打入十八層地獄，反而人人榜上有名。這是在善惡二元說裡比較少見的結局。

而在諸神眾仙裡，人的欲望沾染了百姓的血色，神仙（或有法力的修道之士）也下凡為了人類的爭戰而互相鬥法，封神榜的由來在陳述一件事，就是權力與地域性的江湖之爭。昆侖山仙道由於犯了紅塵之厄，殺罰臨身，又因十二仙首回絕了玉皇大帝的招攬，為了平息諸仙之亂，故此闡、截、人道三教共簽押封神榜，編成三百六十五位正神。這件事情說明了江湖與社會要能和平共處，對於權力要能夠合理的分配，人人有獎，玉帝的智慧不可謂不深。闡，是明的意思，「闡教」就是正教；截，是斷，外道的意思。紂王與武王相對的是截教和闡教，國家天下之爭與神仙道統之爭，說穿了，也就是誰當盟主而已。

蘇護接受西伯侯姬昌（也就是周王朝的前身）的建議，要將妲己獻給紂王，避免冀州的百姓遭受戰爭的痛苦。

蘇護與姬昌都是有著一顆愛子民的心，也就是好的領袖人才，屬於高尚的第八號。在那個時候送子女進貢是一個很平常的手段，不在虎毒不食子的範疇內。

他根本不知道眼前的這個妲己已經不再是他的女兒了，就在他進門的那一刻，他女兒的魂魄已經被千年狐狸精給吸走了。

商紂王雖然稱不上明君，但在納妲己之前仍是天天上朝處理政事的君王，文才武功也算是一流之輩。有一位在終南山上修煉的雲中子，察覺到了這隻藏在宮裡作亂的狐狸精。他特地來到王宮，警告紂王說宮中有妖怪，並送上一把可以除妖的松木寶劍，讓紂王掛在分宮樓上。蘇妲己所代表的，是典型的第三號的下層人格（雖然她是狐狸），為了達到目的不擇手段，甚至魅惑他人使其迷失心志，這樣的人與眾人傳說中的妖姬不一定類似，比如說楊玉環（貴妃）的無奈、武媚娘（則天）的革新，蘇妲己類似趙飛燕的類型，但卻不是自願入宮。蘇妲己想辦法叫紂王燒了雲中子的寶劍。雲中子題詩說道商紂被妖精迷惑，氣數已盡，西周已經出現了聖明的君主，不日就將會討伐他。

商紂王與蘇妲己為一丘之貉，都屬於七三號的人物。

封神榜的另一組亮點事件，就是父子情仇。

話說當時陳塘關李靖遇到了件麻煩事兒，他的夫人懷孕了整整三年六個月終於分娩，沒想到生出的卻是個肉球。李靖嚇得手足無措，以為是妖精作怪，於是揮劍劈開了肉球，誰知從裡面跳出一個小男孩，手套金鐲，腰纏紅綾，落地便能跑能跳，非常活潑。這金鐲和紅綾可不是普通之物，它們皆是乾元山金光洞裡的寶貝。金光洞主太乙真人聽聞此事，專程趕到李靖家中，要收這個孩子為徒，並賜名「哪吒」。

這下李靖真是哭笑不得，等了三年等來了太子爺。李靖也算是個盡忠職守的武將軍，偏生這哪吒生性頑劣，從

出生起就沒讓家裡人省過心。七歲那年，他因在海邊玩水，與龍三太子發生衝突，一氣之下竟然將龍三太子抽筋扒皮，害得龍王前來尋仇，要水淹陳塘鎮。哪吒不想連累父母和百姓，只得割肉還母，銼骨還父，用自殺抵命來報答父母恩情，事情才得以平息。哪吒死後不久，他的母親為他修了一座廟，哪知被李靖知道了，李靖一氣之下砸了廟，燒了像，這下哪吒的魂魄無處安生，只好跑到他師父太乙真人那，真人憐愛徒兒，就用蓮花和蓮葉做成人的形狀，讓哪吒的魂魄寄居在裡面，這樣哪吒終於復活了。

太乙真人又賜他兩件寶貝——火尖槍和風火輪。這哪吒得了寶貝，第一個想到報仇的人不是龍王，卻是他的父親李靖。李靖被哪吒打得只有逃跑的份，這時正巧燃燈道人路過，見此情景，便送給李靖一座雷峰塔，只要哪吒不聽話，就可以把他收進塔中，飽受塔中三昧真火的炙烤。哪吒害怕李靖的寶貝，只好收斂性格，回乾元山去了。

哪吒雖然是一個半人半精的頑皮童子，他天性耿直，勇猛善戰，是非分明，卻又叛逆，本性孝順，卻又在重生之後要殺了他的父親，與其說他有精神分裂症，不如說他對於李靖已經失去了父子之情，有仇必報。這樣的人格游移來回在自己的前世今生的潛意識之間，在第一號中他不能容忍別人對於忠誠的背叛，他勇猛善戰，調皮與小心眼無上限，都是不可多得的第七號人物代表。

李靖後來被燃燈道人賜了一座雷峰塔救了他的小命，他從來就不認為哪吒是自己的小孩，主張讓他永不超生，

哪裡來的舐犢情深，後來哪吒回來找他報仇，他更是夜夜驚懼，塔不離手，所以李靖是一個想要做好自己的人，保疆為民，原則使他差點丟了小命。是屬於八一號人格的弱者型。

再說這昆侖山上住著一位元始天尊，有位徒弟名叫姜子牙，上山學道已有四十年，一無所成。這天，元始天尊把他叫到跟前，對他說：「成仙你就不用想了，去人間享福吧，現在商朝氣數已盡，周氏即將興盛，你就代替我下山封神，幫助周王建功立業吧。」

話說西伯侯一直被囚禁在朝歌，被救回國後，有人告訴姬昌貴人近日就會出現。這一日，姬昌夢到一隻飛熊，感覺蹊蹺，就派人尋找，沒想到還真被他找到了。原來那人不是別人，正是姜子牙，因為姜子牙的道號正好就是「飛熊」。再說姜子牙逃到西岐後，日日坐在溪邊釣魚，卻沒釣上過一條魚，原來他的魚鉤是直的。眾人不解，對他說：「你這樣一輩子也釣不到魚。」誰知姜子牙卻回答道：「我不是在釣魚，而是等著魚自己上鉤，不久就會有人來找我了。」姬昌知道了姜子牙的事，覺得他就是自己要找的人。為了表示鄭重，文王齋戒三日，第四天沐浴更衣，才帶著禮物去請姜子牙。快到硒溪的時候，文王下馬親自走了過去。如此這般，姜子牙終於答應了文王的請求，決定輔佐他。文王高興極了，封姜子牙為右靈台丞相。

姜子牙是軍事策略家的始祖，他是典型的第五號人格與第一號人格的綜合體，在第一號裡則選擇第二號以人的

福祉為最優先，所以他選擇輔佐姬昌攻打商紂，但他又具有高度的德行，在功成之後逐漸隱身，不計較前嫌公佈了封神榜，天下回歸正道洄瀾。

老子與元始天尊，南極仙翁等人，是九五之尊的典型。都是為了使天下趨於和諧而出手安定太極的智慧型神仙代表。

人心所向，時機已到，周武王決定派軍進攻朝歌，推翻暴君商紂王，拯救天下蒼生。

後來，武王繼承帝位。至此，統治五百五十多年的商朝滅亡了，周朝建立。

紂王死了，武王繼位，一切都平定下來，百姓也過上了安穩的日子，這時姜子牙對武王說：「當年我奉師命下山輔佐西岐，師父交給我一張封神榜，讓我用它來為那些死去的人封神安魂……」武王同意了，還專門設了封神台。姜子牙站在封神台上，擺好香案，捧出玉符、金敕、封神榜，開始宣讀，頓時，刮起一陣旋風，那些戰死沙場的將領和神仙的魂魄都飄飄蕩蕩地過來了。

姜子牙總共封三百六十五位正神，從此四海統一，天下太平。

姜子牙，智慧與以天下為己任的胸懷，是與諸葛亮同樣的五八號代表人物。

4.話四：性格影射，武林中的獨孤九型

金庸先生是中國近代史上最傑出的武俠小說家，金庸式武學傑出的地方在於對人物性格的細膩刻畫，有趣訪古的歷史架構，以及人物間在所構築的時空背景中絲絲入扣的恩怨情仇。

其實說穿了，一樣的人物在不同的時空背景下可能有不同的做法。金庸先生曾經提及，自己最喜歡的人物是令狐沖，但令狐沖在當時的武林裡，只是一個無名小卒。從小是個孤兒，在華山派門下受岳不群夫婦的養育之恩，因而從善如流地遵循著一大篇的教規。但他骨子裡那種樂天、不拘小節的個性卻展露無疑。比如說，許多人疏忽的「沖靈劍法」，乃是令狐沖與岳靈珊私下合創的，在不得師門同意下私創劍法招式，這就是在所謂正派的假道學裡難以容忍的一種「惡行」，視為背叛師門的一種前兆。

在當時的時空裡，身處香港的金庸，被政治烏雲打壓得很厲害。《笑傲江湖》當年被國民黨與共產黨政權視為禁書，因為書裡面對於威權者的批判處處可見。

當年曾有一說，所謂「東方不敗」指的是毛澤東，因為他奪了蔣介石的權力與事業，後因太過於沉迷權力而「自宮」，自宮指的是他掀起了文化大革命，差點將中國文化與經濟的老本都賠上了。而「任我行」則明明白白就是老蔣的化身，他空有一身武功，東征北伐抗戰無所不能，卻沉迷於「吸星大法」，極度權與利的無盡貪婪，有嚴重的大頭症，忽略了內部傳出叛亂的聲音。以至於被關在西

湖底下，藉著令狐沖與向問天之力才得以脫困。至於岳不群，正是令狐沖的人格反寫照，一個深沉而虛偽，一個樂天而率真。

令狐沖面對多次的人格污衊，表現得隨遇而安，他認為反正我就沒什麼名聲，但最見不得的事，就是有人假借名門正派來無法無天，他的內心對師門名譽極度重視，表示性格裡有絕對的忠誠。他的行為卻又是對自稱名門正派的人感到極度不屑，表面上不敢失了禮數，骨子裡烏龜王八蛋的大罵一通。

眾多人格中，令狐沖的第七號樂觀型人格者思路可能是最敏捷的，他們的大腦往往會轉得比較快，而且最善於進行跳躍性極大的發散思維。但是，此思維方式往往有寬度沒有深度，一般不會進行太深入的思考，在其他人看來，他們是在風馬牛不相及的事物中，快速進行切換。然而事實上，他們這種高度發散的思維方式，常常會帶來意想不到的收獲，催生出很多出其不意的解決方案。

因此他對於風清揚、莫大先生、綠竹翁之類桀傲不馴的人物，總能投其所好，對於五霸崗上那些黑道人物可以開懷地把酒言歡，他極度欣賞向問天這一型豪邁不羈、睥睨武林的人物。在他的性格裡，可以發現他對於藝術與創作極有天分，對於完美這件事完全沒有放在心上，無與世爭，極度愛好世界和平。他對於岳靈珊極度眷戀，因此在感情上是屬於非常脆弱的，這樣的人在某些事情上可以顯出其優柔寡斷的一面，但富有感情，極度為他人著想，至

於與任盈盈的感情那確是受到了感動，屬於母愛的眷戀。這一環節由他對於寧中則的依戀遠大於岳不群可見一斑。

在金庸的第二個分身裡，是他最不喜歡但卻又想要的一種類型：張無忌。

張無忌的出身是一種正邪兩派中菁英的愛情結晶產物，先天上一出生已經具備了被咒罵的身分。正派的張翠山與反派的殷素素其實互有好感，就為了一把屠龍刀，正反兩派爭得天下翻騰，夜夜血腥。張無忌的義父金毛獅王謝遜是當代一位不世的豪傑。他因為受到恩師成崑的作孽導致家破人亡，一夜性格大變。但金毛獅王聰明睿智，利用殺人留字與奪取屠龍刀這招想要迫使他的師父出來面對，但成崑確實棋高一籌，以至於謝遜流亡海外。在冰天雪地裡長大的張無忌，以為這裡就是他的一生，直到突然間被逼迫要回到中原面對那並非他原罪的環境，是一個隨時都有殺身之禍的險惡武林。

張無忌跟所有小孩一樣，被正道的教育約束要勇敢面對道義上的困難，骨子裡卻希望躲在媽媽的懷裡避難。接下來的父母自刎悲劇，以及受玄冥神掌的惡刑加諸，讓他萬念俱灰，雖然他知道後面有一個武當派的張三丰當他一輩子的靠山，但是當時連自己能活多久也不知道，因此性格變得既悲世、驕傲又優柔寡斷。

張無忌與令狐沖不同，他可以說是一個十分俊美的男子，因此，有好的女人緣也是理所當然，張無忌骨子裡從來沒有想當一個號令天下的英雄人物，沒有想當明教教

主，他的一生是被拱上去的。強烈的戀母情結讓他也喜歡熟悉被關懷保護的情境，在這四個女人裡，趙敏是他的最愛，因為這是唯一一個從死對頭轉變為戀人的對象，其他如周芷若、殷離、小昭都是一開始便對張無忌死心踏地的單戀，而隨著張無忌能給的保護越多，越是感受到這份戀情的膠合。其實他只想與趙敏、周芷若、殷離和小昭一同生活在屋簷下，過著無憂無慮的生活，當然他沒有公子哥的那種奢華之氣，在他的世界裡，女人永遠比江湖難搞，決定心中所愛的順序還有救謝遜這件事，才是他人生的大事。至於知恩圖報，並熱意協助他人這件事，倒是跟令狐沖頗為相似。

他的人格，帶領明教出正義之師，卻又不太希望事事以霸權為主，乃是先九而八號的走向。

金庸也曾說過，他最欣賞的人是喬峰。這與令狐沖（八七號），張無忌（九八號），郭靖（二八號），楊過（七八號）一樣，都有著不完美的出生與成長過程，卻是唯一一個以八號人格為優先的主要性格角色，也就是金庸筆下的大部分主角，都有著對抗環境與生俱來的那份堅毅。喬峰是八九號，在當時北宋政局下人人喊殺的契丹人的後代，至於他的父母是不是冤死，在武林上竟然還可以被說成殺契丹人是件理所當然的事，是不是聽信謠言誤殺變得無關緊要。喬峰的武藝超群自然不在話下，但一身豪邁之氣，不喜歡老謀殷沉之人，喜歡與低輩弟子喝酒吃肉，十足市井之民的性格，但做事又是以成功為第一優先，以大宋與丐幫的利益至上，事父母至孝，品行敦厚。

從傳位幫主時受盡了無數的考驗，立了七大功勞後，這些人才願意讓一個契丹後代成為幫主，其中最蹊蹺的事，這些帶頭的人沒事留下證據給別人知道，喬峰不就是一個道道地地的大宋子民嗎？可見這其中的正派人物人格反覆糾結，是武俠小說裡的高明之處。

《天龍八部》裡，說的是佛法對於人性的探討，愛恨嗔癡的糾結，因果報應的警示。段譽對於某些事情極有天分，如琴棋書畫，是個很鑽研的人，但對於與自身性格不合的東西，如殺人的武功，卻極度抗拒。在佛法裡，武功與武器即為「惡器」。段譽看見了玉壁上的武功一點都不驚喜，反而是神仙姐姐的裸體讓他如癡如醉，學武功不是為了殺人，而是為了神仙姐姐。這可謂是一種愚，對於歡愉的愚，段譽對於佛門裡的癡與虛竹的癡完全不同，虛竹如果沒有一身奇遇，可能到老了都不會修練少林七十二絕技，而會進入我佛菩提的參研。也因此，這三個人最後的走向可以說是佛法中三毒的反向人格，《天龍八部》之所以精彩，四大惡人之所以為惡，如果參照人格學的演繹會更加有意義。

楊過是金庸骨子裡的內蘊性格，他對於愛恨情仇有一定的執著，愛就愛極，癡就癡到底，天生不喜歡被人束縛，卻又渴望能夠找到一份母愛，偏生黃蓉心眼極多，不合楊過的需求，於是像孫婆婆，小龍女這樣一冷一熱的類型，不顧一切維護自己的性命這件事，讓他啟發了對事情的不同看法。

　　《神鵰俠侶》說的是「情」，大漠兒女的情，郭靖黃蓉的兩小無猜，楊過小龍女的師徒之情，李莫愁陸展元之間的纏與恨，「問世間，情是何物，直教人生死相許」，乃至絕情谷公孫夫婦，都是被情愛癡纏，導致世間諸惡叢生，害了自己的女兒，也差點斷了楊過與小龍女的一生。金庸對於楊過是自己的寫照這件事是直言不諱的，他天生有一股俠風，卻也有狡詰的性格，不是長篇大論型的學者，卻對於人性有著保留與觀察的個性，他鍾情於楊過與小龍女之間有著打破世俗的愛情勇氣，而楊過一生最敬愛的人是郭靖，因為郭靖大公無私，俠風仁骨，但是金庸自己像楊過的那一塊，骨子裡就天生跳脫的與桀傲不馴的黃藥師、獨樹一幟的郭襄極為投機。這也說明了楊過對於世俗禮教的極度輕蔑，也與金庸當時對於世事的不屑態度極度相符。

　　楊過後來成為神鵰俠，孤身潛入敵營殺了元帥蒙哥解了襄陽城之危，由一個充滿激憤的人轉為俠義中人，他的人格特質是由第七轉向第八號的大愛人格。

　　金庸先生說道：楊過身上擁有的是對身世不滿的一切叛逆，而不是不屑一顧的不羈態度。這個讓我們對楊過的人格論點開始起了變化，真正的楊過到底是一個什麼樣的人呢？

　　韋小寶與陳家洛一樣是以天地會為背景，出身就是一個天上，一個地下的安排，陳家洛出身在官宦之家，韋小寶卻是一個在妓院裡長大的渾小子。這個社會上有什麼最不堪入目的場面全都出現在這個小孩子的成長過程中，以

至於他具備了非常好的社會技能，有流利的口才，有過人的眼色，有裝死的本領，也有孤注一擲的決心。他善於觀察，處處以己利的立場思考事情，相信金錢與權力就是主子，對於喜歡的女人一定要得手，死纏爛打、表現鍾情、插科打諢的事樣樣在行。這樣的人格是金庸對於現代人偽裝面具的一種嘲諷，在脆弱的包裝下，任何表現都是強顏歡笑，只有韋小寶這樣的人才有真性格，才能夠在這個龍蛇雜處的世界裡好好生存。

周星馳將韋小寶的戒慎恐懼與滑頭社會化演到了極致，獲得了金庸先生最高價的評語：「演韋小寶，不做第二人想。」

七五八個性比較像是金庸的真實個性，而偏向俠字。七五人格卻轉向八號，卻是韋小寶獨有的特性。

韋小寶的「心靈化」性格為第八號的保護色彩者個性，他的單位不是國，是他的那一圈子人。

- 對父母的關係：對於母親有矛盾的情結。
- 潛意識的運作：只要我堅強地扮演好父親（保護者）的角色，母親就會愛我。
- 心靈的絆腳石：如果我顯得軟弱，就不會有人愛我或關心我。
- 強迫性的行為：只要我越害怕，我就必須假裝堅強。
- 揮不去的陰影：我和我所在乎的人，如何才能在這個社會上存活？

韋小寶其實極度愛他母親，但母親是個妓女這件事往往讓他抬不起頭來，「十年一覺揚州夢，贏得青樓薄幸名」的小情小調當中，韋春花就在這香豔頹靡的背景當中出場。尤其是他想要得到的父愛在眾人嘴裡成為笑柄，到頭來連親生爹是誰都不知道，這件事在他小小的心中烙下深刻的傷痕。因為失去了父親所代表的權勢，他就更想要成為掌握權柄的人。

所以他必須堅強，把握任何一個可以上位的機會。甚至擔任他母親的保護者，母親有了安全感之後，就會像個正常人一樣對待我、疼愛我。我們發現他很少因為感情而放聲大哭，那只會顯得他的軟弱，在他與自己背景極不稱頭的頭銜這件事上，他用了兩肋插刀與義不容辭這個行為，來證明自己是個當大哥的料，而他的機警敏銳卻又在一群天地會與朝廷小倌的莽夫之上，因此甘於當砲灰又能夠當個成功的砲灰，一躍而成為創業家典範的故事，也就成為金牌韋小寶的一生傳奇。

他的一生與決策沒有什麼沙盤推演，只是隨機應變，許多事情圍繞著「我和我所在乎的人，如何才能在這個社會上存活？」唯獨為了當個好貪官這檔子事，確實下了十足功夫。

＊＊＊

古龍先生與金庸先生可謂是華人武學界的兩大泰斗，古龍先生對人物的性格描述較為單純，也就是說，作為主角、殺手、陰謀者的性格分明。

楚留香，人稱盜帥、香帥，其家巨富，偏生喜好與四個女子同住在河上畫舫，與四個女子情若兄妹，卻又暗藏情愫，在一次一次的巨案中，他用自身極聰明的智慧與武功化解了危機，雖然表面上是案子與麻煩找上了他，但楚留香天生雞婆的個性，與打抱不平的性格為自己的人生奪得了色彩。這樣的人高傲、風趣，卻不輕易表達自己感情的歸屬。他這一生之中最愛的是沈慧珊，對他因愛生恨的是蘇蓉蓉，最理解他的人不是胡鐵花，是一定要置他於死地的殺手，中原一點紅。

越複雜的人其實越簡單，想的越簡單的人越不會把自己複雜化，楚留香的人格是天生的完美型，也是歡樂型、思考型的代表，人格裡面沒有要一統世界的野心，極富有同情心，所以也可以說是第二號博愛的代表。

關聰所飾演的無花和尚乃是小說裡的性格關鍵人物，心機深沉，步步陰險，表面上是個佛法高僧，卻是武林中滔天巨浪中最可怕的幕後主使人，而他為了掩飾身分，可以化身為楚留香的莫逆好友，城府之深，令人咋舌，是第三號陰毒人物的佼佼者。

但另外一個人物，「小李飛刀」李尋歡的一四號人格特質，就是一個從頭悲到尾的悲情人物，他的小李飛刀在兵器譜上排名第三，武功出神入化，卻為了拜把兄弟的義氣，將自己的一生摯愛送給了義兄，這件事情在今日的社會觀念上，是不允許的。但在他們的眼中，情愛很重要，但是那莫名的面子更為重要，他習慣用一個悲情的角度去

愛他所喜歡的人，讓自己陷入一種極為淒美的藝術情境裡。這是非常典型的第四號個人風格者。

第四號人格潛意識的運作：一定是我哪裡不好，而且我常常覺得別人都衝著我來，這樣的人對自己與他人的差異性非常敏感，雖然表面謙遜，卻有一種令人高不可攀的孤傲。

李尋歡與上官金虹不一樣，上官金虹的第三號是一個極度追求權與利的人，他認為女人與性只是一種襯托自己豐功偉業的裝飾，他是極為典型的追求成功的第三號，而且是不擇手段，極盡黑暗之能事的人格類型。

至於陸小鳳，這個第五、第七與第八號的角色跟楚留香有點不同，楚留香是遇事才會積極，而陸小鳳屬於坐不住的那一類型，他天生好友，好酒，好色，但卻為人正直，為了朋友可以不顧一切地犧牲，屬於超級積極的第二號，但喜歡審度局勢，觀察利害關係，同時也照顧很多人的利益，所以很多江湖人認為能交到陸小鳳這個朋友，就值得了這一生。陸小鳳一生都走在鋼索上，具有極敏銳的判斷力，也是屬於一個極度高張力的第五、第八號的魅力型男人。

還有三少爺的劍，謝曉峰，也與李尋歡有著相同的悲劇性格。卻是九八七號的代表，一身傲骨，武功奇高，人生勝利組，卻因為太過頭的自負與社會輿論的圍剿，讓他們變成了武林人的箭靶，隱姓埋名而不可得。這是古龍先生非常擅用的筆下人物風格。

第三節

辯證：品格價值與品格犧牲

這一節談到九型的每一個人格對達成某件事的必須付出價值與期望得到價值不同，比如說希特勒，在納粹的眼中他是一個無瑕疵的偉大思想家，他的所做所為都是要讓德意志民族再顯榮耀，而希特勒本人以德國人種要成為世界上的統治人種為目標，他覺得他是完美的一號與八號人格，但對其他國家的元首與人民來說，希特勒是一個充滿侵略性的野心家，他身上就是險惡三號人格的代表，燒殺擄掠，無惡不作。

在納粹以及德意志至上的信眾眼裡，元首（希特勒）給他們的品格知覺是至高無上的，如果有人懷疑這個行為的價值性，那就是對於元首的中心思想有某種懷疑，必須進行思想改造。

若為了達成這樣的品格價值，對於實踐達成品格價值的路上，以第三號人格來說，剷除阻饒就是品格犧牲的必然手段。

但是品格犧牲不一定是犧牲別人，在許多以思想為主的人格裡，例如神愛世人的二號人格，充滿藝術狂熱的四號人格，我們從許多歷史記載裡可以看見，這樣的人有的為了取得信眾的認同，相信真理，面對異教逼迫而自焚其身。或是不屑世俗的眼光，寧願貧窮潦倒，也堅持畫作的風格。當然我們並不建議採取過度激烈的手段來達成某種目的，任何九型人格的領導

者都有可能採取某一種或多種的「品格手段」，使得趨向或潛伏其面向的人浮上檯面，認識自己的能力，進而面對壓力與價值評價時修正處理判斷事情的角度，善者終能自清，黑暗者則永陷沉淪。

我們對於以上的各個歷史人物性格提出了各種印證與歸類，但是究竟在生活之中如何找到屬於自己的性格定位呢？在中國古代的大賢者孔子很久之前就給了我們一面明鏡。

《論語 · 季氏篇》「益者三友章」云：「孔子曰：益者三友，損者三友。友直，友諒，友多聞，益矣。友便辟，友善柔，友便佞，損矣。」意謂著人生在世，不可以一日沒有朋友。唯朋友有益、損之分別。是故擇友一事務須審慎而為之。

朋友就是我們性格的導向基石。

孔子說過益友有三種：「友直」、「友諒」、「友多聞」。

「友直」者，指與言行正直的人為友。若朋友為人正直，講求道義，則與其交接亦能盡「道義相砥，過失相規」之責。

「友諒」者，指與誠實安信的人為友，這樣的人性格是多麼敦厚忠誠，並且堅守承諾，不會為求滿足一己私利而做出欺詐、出賣朋友的事情，與其交往必然有助於誠信品德的培養。

「友多聞」指與博學多聞者為友。朋友的知識越是淵博，閱歷越是豐富，與其交往便越能增長見識而有所啟發，從而得以突破原有的知識界限，提高知識水平。

孔子認為，跟上述三種人交往有進德輔仁之裨益。

唯近墨者黑，若誤交下面三種損友則有損人格。

「友便辟」指與只懂得粉飾儀容外表去討好、取悅朋友，缺乏誠懇忠信，這些人擅長的是鑽漏洞。

「友善柔」指與擅於諂媚阿諛者為友。這些人擅長的就是拍馬屁，貪小便宜。

「友便佞」指與巧言令色卻沒真才實學者為友，不思進取卻又欺世盜名。

由以上的論述，正向的九型人格是需要被引導與啟發的，反言之，負向的性格陰暗面也可能因為被誤導，而將自己偏移了原來的本性，因此教育環境與人格養成是非常重要的，身為孩童搖籃手的家長與老師們，對於自己的身教言行，不可不慎重。

為何認清自己的主要個性是很重要的？

蘇格拉底，古希臘著名思想家、哲學家、教育家，他和他的學生柏拉圖，以及柏拉圖的學生亞里士多德被並稱為「古希臘三賢」，蘇格拉底被譽為西方的孔子，孔子與蘇格拉底的時空背景不一樣，蘇格拉底是以哲學為出發，是一個從五出發的五八人格者，而孔子是有教無類的博愛哲學，是一個八五人格的偉大智者，一個以思想造就宇宙和諧，另一位則是想要平和天下而宣揚理論。蘇格拉底最後選擇為了真理而殉道，為了守

護人的善良本質犧牲自己。他留下了許多影響西方世界的思考語言，教人們如何真正的認清自己。

蘇格拉底曾經說：「假使把所有人的災難都堆積在一起，然後重新分配，那麼我相信大部分的人一定都會很滿意地取走他自己原有的一份。」

這句話真有深度，意思是每個人的世界裡都有愉悅與不愉悅兩種情境，愉悅就是性格的自由之身，不愉悅就是受到與期望相反的壓迫處境。當每一個人都把不情願堆在一起，別人的負面會不會等於自己的負面，別人能夠承受的壓迫會不會等於自己能承受的壓迫呢？當災難的總合集聚，每個人有機會檢視原來自己的性格面，當然會選擇已經面對或曾經能處理的那些災難，而矯正其原來以為自己能夠擔當的那種類型人的想法，自然壓力紓解了之後，也就能夠更正向地尋找出口，導向自由善念的一邊。

他下了一個結論：「認識自己的無知就是最大的智慧。世間最珍貴的不是『得不到』和『已失去』，而是現在能把握的幸福。」

我們在第三或三八性格之中，可以尋找到許多想左右天下的人，而想左右天下，必須先能左右自己，如袁世凱與蔣介石，是屬於不同性格的軍閥領導者，袁世凱天生就是個驢蛋，蔣介石雖出身草莽，但後來的修持與進取卻能夠持身自保。蘇格拉底說：「只有能左右自己，方能左右世界。」

權力型的性格要導入天下大愛，他必須為眾人而戰。他的個性受到壓力時，抗壓性稍差的人會遁入第九號的陰暗面之中躲避，這時，個性上的差異就可以顯現，第八號因為能誠實面對自己，會尋求知識上與技能上的補足，目的只為了以天下為己任，而第三號不太敢面對自己不足的那一面，會變成無所不用其極的手段者。

這裡有一個才高八斗的蘇東坡的例子。蘇東坡為一八號人格，學富五車，對於完美的自視甚高，但總處處差了好友佛印一籌，蘇東坡非常不甘心，學霸都是這樣，被別人比下來就不甘心。

一天佛印和蘇東坡在西湖邊上喝茶，泡上一壺熱熱的龍井茶，兩人對坐無語，佛印索性就臨場打坐了起來。

蘇東坡說：「佛印，你看我坐在這裡想什麼？」

佛印說：「我看你像一尊佛。」而佛印笑著也問蘇東坡同樣的問題。

蘇東坡說：「我看你像一坨牛屎。」

佛印笑而不語，蘇東坡自以為將了佛印一軍，心想這下你可難受了。回家後和蘇小妹說此事，說自己終於贏了佛印。

蘇小妹嘆道：「大哥，你又輸了。佛印心中是佛，所見之處，處處是佛，你心中是牛屎，所見處處都是牛屎，佛印佛眼觀世界，看到的處處是佛，你呢？以何眼觀世界，觀到何種世

界？」蘇東坡喟然無言，才知道自己乃是井底之蛙，會反省自責之人，也是一號人格的特性。

佛印由此看出，乃是八二五的走向人格，藏天下胸襟，佛化世人，兼具智者身分，乃是悟道之人。

讀者可以閱讀一部以二次世界大戰為背景的名片《為愛朗讀》，女主角韓娜與男主角麥可在一次奇異的場景上邂逅，當時韓娜才是個十五六歲的少女，而竟與大她十五歲的麥可發生了感情，麥可深深為了眼前的這股少女芬芳所沉迷，而韓娜則沉浸於麥可每天為她朗讀的詩文裡。麥可無法公開這段戀情，而他與韓娜間的知識差距也使兩人漸行漸遠，韓娜有天負氣而去，擔任德國祕密警察八年，她因抓補猶太人一事，為了要隱瞞自己是個半文盲的事實而一肩扛起罪責，被判無期徒刑。麥可在這段時間內，寄了無數的朗讀錄音檔給韓娜，卻不曾回復韓娜的來信，也不曾探望她。為此韓娜對麥可的情就只寄托在這些朗讀的錄音帶裡。終於出獄沒多久後，麥可失望地看著這個當年美麗的少女，已成為一名醜陋不堪的滄桑婦人，誰也不能原諒誰的背叛，一週後韓娜自殺，結束了生命。

兩個人都是一號人格，為愛朗讀，或是為了贖罪而讀，由讀者自省。

人的性格有許多面向，遇到各式的壓力時，像走入一個掛滿菱鏡的森林裡，菱鏡之中反射出的是各式各樣的自己，有美的、醜陋的、善良的、軟弱的、卑劣的、晦暗的，各式各樣面

容的天使與魔鬼。森林裡充滿了岔路，選擇如何處理接下來往前的路徑，是最困難的，許多大人物即便有超凡大智慧，堅強的意志力與決心，卻也不能閃避這樣的時刻。

比如說，一個連續殺人犯主張自己有心理疾病，所有人都希望法官判他死刑或終身監禁，在心理學上，動機的探究是重要的，他是主動殺人，還是被驅使殺人，在他殺人的背後是不是早就有人將他原來的人格殺死了，或是用了一些手法趨使他成為惡魔（Demon），這些人有沒有機會找回原來的自己？可能他原來是良善的第二號助人者，因為家庭暴力的影響，讓他覺得報復他人是一種能夠讓自己內心獲得平靜的行為。

誠實面對自己的性格，才有可能往自由與良善的方向前進，歷史上許多世襲的皇帝本身不願意當皇帝，沒機會當皇帝的人處心積慮想爬上龍椅，被淨身的閹人失去了做男人的尊嚴，他們對於錢與權的貪噬比其他人更為強烈，他們不能當皇帝，所以只好操弄皇權。如果自己天生就是一個典型的三號人格，那麼是誰塑造了自己認識的三號人格，這些人有沒有機會多愛人一點，有沒有機會將自己的作為提高一點，或是能不能將權力的欲望降低一點。處處刻板要求精緻完美的人，面對自己，能否傾聽他人的聲音，釋放自己僵固的靈魂？

我們必須在九型之學的分類上找到自己的定位，也就是要讓自己接受原來可能是那個不認識的自己。蘇格拉底說：「活著不是目的，好好活著才是。」活著不是為了他人而活，活著

只是為了讓自己與他人和平共處，充滿了創造，盡興地接受生命的到來與逝去。

著名的《24 個比利》的主角比利‧密里根（Billy Milligan）在 1977 年因為連續搶劫與性侵遭到逮捕，在警方與心理醫師的抽絲剝繭之中竟然發現他的身體裡住了二十四個人，這些人代表著不同的性格面向，有驅使者、計謀者、被驅使者、暴力者、小男孩、反對暴力者與溝通者，最後才發現原來的比利只是一個停在十六歲的小孩子，最初的核心人格，後來被稱為「分裂的比利」或「比利 U」。高中時被退學。十六歲時曾經自殺，從那時候便開始沉睡而由其他人格對外互動。

藉由專家的努力，終於讓比利找回完整的自己，取得人格老師的主導權，在他犯下這些行為之時，他沒有辦法讓自己發言，人格處於一種被架空的狀態，當找回自己之後，他發現他最喜歡的還是那些只求溫飽的平凡生活。

比利由一號極端人格，轉變成七號分裂的壓力下人格，最後變成協助人格歸一的導師人格。

The Enneagram

九型芳華，鑑古知來

Chapter 06

結　語

林顯洋

我本身學建築設計，中原建築設計系畢業，後來研究所念 MBA，可是最後卻回到心理學的性格學研究，乃至後來對九型人格學產生非常大的熱情。為什麼會有這些研究動機的轉變呢？我來說明一下原因。

話說人有性格，空間有類型。有人說這個人跟我好合得來，這個空間我好喜歡；或者這個人我不喜歡，這個空間我厭惡不是我的菜。產生這些現象的原因是，建築內容包含了個人生活的經驗、心理的需求、人文藝術與團體共生而產生的一種搓合及比較，因此形成了一種好惡感覺。空間又包含三個特色，第一個是用，使用；第二個是強，堅固；第三個是美，美感的特質。所以如果說「建築」是建築師外在興趣與個性智慧而創造生成的形式的話，我們「人」又何嘗不是因為性格當中的養成、一路從學校家庭社會成長、經過一系列內外因素揉雜完成的一種組合呢？

所以我們人內在的心理空間和我們外在的建築空間就產生了一種對應。我個人覺得這種關於類型的對應蠻有意思的，因此引發我對性格學的研究興趣。其中我常用最喜歡用的是九型人格學。九型人格學至今已發展出相當程度的學說成果；在本書稱為九柱圖，有人稱為九點圖。整體而言，我必須說它就是空間跟人的類型學；空間與人會因為類似的氣質場域彼此相吸、物以類聚，所以我把他們合在一起作類型學的研究。

　　九型人格學很特別。我本來是非常喜歡 DISC 性格學的人，可是當我遇到九型人格學的時候，我忽然打開另外一雙眼睛，因為頭一次看到有學說可以如此精準預測人在受壓面與自在面的行為表現與心理狀態，也就只有九型人格學做得到了。DISC 跟十六因子的性格學分析，只是分析當下一時的心情可能有何類型的探討，可是卻無法預測出他受壓面跟自在面時的表現（因為無法知道受測者在測驗的當下是處於受壓面還是自在面，測驗結果就會產生誤差）。最好的例子是選舉。當權者的受壓面和自在面，他到底是什麼樣的一個人，我們並不清楚，所以我們常常發覺在選舉中會選錯或誤判一個人。由此可知，人是最難研究的也最複雜。

　　我身為一個跨領域的心理與空間研究者，九柱圖跟建築的關係是什麼，無疑是我最有興趣要探討的事情。1990 年普利茲克建築獎得主阿爾多・羅西建築師，也將人的本質視為建築的原型；人可以透過自由意志自由地想像來變換，將同種類型轉換為另外一種，跟原型作對照比較而產生新的建築。同理我們的性格也是一樣：我們原來平常的時候可能是什麼樣子？自在的時候會變成什麼樣子？受壓的時候又變為如何的樣子？這種透過學習而調整性格的方式，跟建築師調整設計、調整空間的過程，有很多地方是相通的。

　　綜觀建築設計發展史，各種理論學派也在推陳出新，有古典主義、現代主義，文藝復興主義，然後回到結構主義、新古典主義，最後變成超現代主義、解構主義等等；一代一代的建

築美學思潮跟設計哲學也呈現在人們的生活環境當中。每一個學派的擁護者，每一個學派的大師，也常常因為種種宣告及理念而有所爭執。其實這些爭執，我從性格學的角度來看原來是不需要的，因為每一種性格跟每一種建築的哲學都有他存在的價值以及時空背景的需求，所以每一種號碼，所提出的設計就會有所不同。因此我在這兒提出九型人格學，希望可以讓各派理論的本位主義放下爭執；其實彼此只是不同。

從 2001 年開始，我參加了香港創立的 ASK 心動力課程，以及 NLP 神經語言學課程，晶華新世界，桃花源中心，靈糧堂的課程，還有張老師諮商工作坊的培訓。2016 年我到宇宙光從事志工活動，運用心理學和一些原理方向來解決人本身的一些狀況，甚至更進一步發揮當事人的潛能。在這方面我主要運用的是焦點解決跟 NLP，而在我的空間設計學當中，我最喜歡用的心法是七號人格，也就是創造可行性的機會，造就另外一種設計的理論；有的人會稱為後現代主義，有的人會稱為創新古典主義；我覺得合在一起 combine（結合）效果遠遠比單一種效果還要大，就像我們人一樣。

通常看空間的同時我最喜歡看的是人，是因為我看見那個人在空間當中的對話是真實的，他不是就坐在那裡簡單的行立坐臥而已。可能一個桌上的電燈、一個天花板的吊燈，可能旁邊的一些沙發，可能書櫃上的一些書本，都透露出一種能量來讓你跟空間產生關係，就像我們今天談話中可能喝一杯飲料，可能產生出一種感覺，跟某個人就產生出另一種關係。這是人

的情感記憶與所處空間互動所產生出來的結果。所以我喜歡這樣的研究。

我希望這本書可以讓大家初步了解，人的性格學跟空間類型學的組合與相互影響。我不能說它是風水，但我必須說這兩個能量確實相關，端看設計者的巧思以對你有所幫助。期待讀者自己的發現。

張兆東（阿雷格）

商業文化藝術文字工作者，寫作文字達一百二十餘萬字，著有數十篇小說、散文、新古詩、心靈專篇等，作品見於各報與各大專業雜誌，善於商業分析，心理分析，九型人格推廣者。

我們綜觀東西與前朝的人文軼事，不論其人有名留青史，有人惡名昭彰，更有許多不能明說的當代名人被藉託為筆者書中的隱喻人物，例如書中被提到多次的武俠小說中人物的「性格」與「作為」，這些原生角色對於當時的時代與後世均產生了很多的影響，其中能夠征伐略地的，多有八三人格，帶有智深謀略的，多有五一人格，但是其中有一種性情中人，隨隨便便，卻對於忠孝悌義四者極為注重，對於愛情極為專一，這樣人格解讀的寫法往往被視為是讀者自己性格的寫照。我們都想生活在快樂的氛圍之中，去除掉不喜歡的壓力來源，而一個人要能夠與快樂共存，一件事要能夠朝圓滿良善的方向進行，可以藉助九型人格的第一本書引導讀者進入認識自己的世界。學

會真正的九型人格不僅能夠看清自己，能夠識人，能夠審度，能夠善存。不僅為職場上、商場上、就學與生涯規劃的一個快速辦別與決策的利器，在經營管理、財務管理上的應用，更是妙用無窮。

作為一個時代洪流裡的宇宙子民，生命的流逝如流星般的短暫，這數十年間，想要的東西太多，想承受的壓力太少，想忌妒的原因太多，想修行的快樂太少，許多人問財富有沒有辦法成為快樂的來源，許多人問為什麼銜金湯匙出生的不是我，有些人希望下一代一定要當醫生、當律師、當科學家，結果下一代做了精神壓迫引起的無可彌補的殺人事件，開始正視鏡中的自己，永遠都不嫌晚，學習真正的九型人格，就從這裡的淺說開始，無遠弗屆。

呂俐蓁

美國南加大建築碩士，東海大學建築碩士，成功大學建築系。兩岸建築美學藝術工作者，台灣建築師與大陸一級註冊建築師，建築設計教學者。致力於建築實務與教學工作。生命意義與方向受九型人格啟發甚多。

> 有人問畢卡索：「你的畫怎麼看不懂？」
> 畢卡索回答說：「聽過鳥叫嗎？」
> 對方回答：「聽過。」
> 畢卡索又問：「好聽嗎？」

對方說：「好聽。」

畢卡索說：「那麼你聽得懂嗎？」

摘自網路【名人語錄】73 句 藝術家畢卡索名言經典語錄

　　回想在我求學時期，也常像這位畢卡索的對談者，常常在苦惱怎麼「看懂」美的建築？有怎麼樣一套方法，只要我照著做就可以像滾動方程式一樣，蹦出一個大家都覺得好聽的鳥叫聲？因此當我接觸、了解九型人格之後，我認為九型人格的第一大助益就是提供了一套觀察現象的脈絡，這個脈絡幫助我們適當肯切地描述自己與他者（不管是人或是事、物），同時號碼會因為我們身處「自在」狀態或「受壓」狀態，而有動態的改變，所以九型人格的第二大助益就是幫助我們預測或推演下一步行動，使我們達成趨吉避凶的願望。

　　以我自己為例，我是第九號人格愛好和平者，不喜歡衝突，常常說「都很好啊！我沒有意見」。這也是為什麼我對很多建築作品評價是「都很好啊」：不管是歌德建築、現代建築、折衷主義建築、數位建築，對我來說它們都一樣有趣：這點同時也和我帶點第七號享樂主義者有關，因為我們的某一想法或行為背後的原因，常是複合的號碼同時推動著我們。我的「苦惱」則來自於第九號人格受壓時會跑到六號人格尋求安全感，因為害怕衝突，所以會看著白紙遲遲無法下筆，無法再往前踏出一步。

因此在我接觸九型人格學之後，發現我的這些舉動背後原來都有很好的解釋；更棒的是，九型人格學也同時提供了很好的解方：如果能把自己從「受壓」的狀態拉到「自在」、「健康」的狀態，就可以自然而然發揮該號碼的長處。

身為基督徒，我常想像上帝就像那張漫畫那樣，把九種不同的人格特質以及其他素材，在燒杯裡倒來倒去造出了我們；祂對我們有完美的計畫。我想九型人格學並不是來標籤彼此，而是讓我們知道原來世界上有這麼多不同價值觀、不同人格特質的人，他們遇到事情的反應、感受、和行動原來和我如此不同，希望這本書能對各位有所助益。

附　錄

心理諮詢案例說明

職場工作競爭合作關係──同事工作衝突及適應事件

摘　要

本報告（2012 年）主要女性職場上班族，工作職場心理適應問題的心理諮詢案例。透過對來訪者問題描述的進行分析，並對其友人及同事進行訪問調查，進一步了解來訪者的實際狀況，經過討論分析，作出診斷，確定來訪者為一般心理問題。在與來訪者進行溝通協商後，確定了諮詢方案，且得到來訪者的同意；筆者亦將九型人格融入診斷、諮商方法中。經過整個諮詢與隨訪調查，認為來訪者基本改善了心理狀態，諮詢效果良好。

以下將以段落批註說明的方式，闡述九型人格如何應用在本心理諮詢案例。

一、來訪者基本情況

女，台灣台北人，三十四歲，設計專業，研究所畢業，未婚，家庭經濟狀況甚佳。精神狀態正常，意識清楚，情緒低落，主動求助。無軀體症狀。沒有做心理測驗。

二、主訴個人陳述

- 在分公司上班，來訪者與其上司由於工作表現優良疑似遭同事職場工作惡意競爭（忌妒），看到另一組惡意同事發黑函信，內容呈現從來未曾發生的事件及誣衊造謠工作事宜，且除來訪者外，其他知情同事為求工作自保亦無出面澄清事實，彼此間拉幫結派，使來訪者對人際關係情感大

受打擊；但總公司高階主管及股東分不清事實真相，引起來訪者的不信任，經常獨自工作、用餐，認為除直屬上司外其餘同事言行都在欺騙及欺負她，精神極度痛苦，二度身體不適請假，來訪者並主動要求辭職。

說明：九型人格中以三號尋求成功者、六號尋求安全者居多。從來訪者陳述其工作環境，可觀察出職場人際關係中典型三號受壓狀態所呈現出來的惡意競爭與忌妒（如發黑函、拉幫結派）、與六號受壓狀態呈現出來的退縮逃避（如保持沉默以求自保等）。不論哪個號碼，在長期處於受壓狀態甚至到達不健康程度時，除了會對個體的身心靈造成影響，也會在群體中產生不良的互動關係。

- 來訪者原生家庭為幸福家庭，父母兄弟姐妹感情良好，家庭經濟小康之上，結構單純。來訪者求學期間生產與學業並行，雖然過程辛苦，但能順利完成，對自己的能力感覺滿意，也提升不少自信。

  說明：從來訪者生長背景簡述，可觀察到健康的六號與九號人格，呈現出對個人成就的樂觀追求，享受達成目標所帶來的快樂。

- 但在第一個工作期間發生由於工作表現優良，疑似遭同事職場工作惡意競爭（忌妒），看到另一組惡意同事發黑函信事件，來訪者在事業上也認真努力，備受工作單位肯定。自認為一向正直坦率的一群（四到六人）同事竟然聯合

欺騙她，她提出證據後仍然矢口否認發黑函及故意造謠中傷，來訪者認為辦公室中上除直屬上司再沒有值得信靠之人，覺得工作乏味；而且總公司高階主管股東分不清事實真相，引起來訪者的不信任。

- 對方對質中還口出惡言污辱其讀書學位，來訪者同事感情與自尊心大受打擊，越想越氣，已無法正常與同事共同工作生活。但總公司高階組主管離職手續上出爾反爾，一味打壓事件真相十分困擾。

　　說明：此段來訪者口述誣告事件的後續發酵，對團體的口出惡言與不辨真相表達強烈情緒。九型人格每個號碼均有可能會在某場合表達對口出惡言與不辨真相的厭惡，但驅動情緒的背後價值觀卻各有不同。據筆者觀察本案例受訪者為一號與八號的憤怒，是出自於正義沒有被彰顯所表達的不滿（高層輕信黑函內容，旁觀者默不作聲等）。

三、觀察和他人反映

1. 來訪者情緒低落，在談到分公司同事和公平正義問題時哭泣，意識狀態良好，表達完整，主動求助；睡眠不佳，無軀體症狀，無妄想。

2. 通過對其友人及同事調查反映，來訪者自立意識比較強，做事認真負責，能夠獨立完成各種任務。惟因優秀、敏感、主觀意識較強，有時因堅持做事看法，與上

級長官或其他部門協調發生磨擦，會影響其情緒。

3. 同時來訪者一向肯定自己能力，此次發生誣告事件，自認是一大失敗，影響其自尊及情緒至鉅，甚至感覺上級長官以此同事工作衝突及適應事件為由挑剔其工作能力與工作表現。以致無法正常地與同事共同工作生活。

　　說明：來訪者因情緒低落，無法維持健康的職場人際關係，尋求諮商協助。從友人與同事調查可觀察到受訪者一號追求完美的人格特質。一號受壓狀態時進入四號藝術家人格，陷入情緒與感覺；當「應當是」或「必須是」的想法被挑戰時，容易表現出憤怒與一意孤行，人際關係中產生摩擦。

四、評估與診斷

　　通過來訪者陳述、觀察和調查了解，來訪者主要存在問題是：情緒低落、焦慮、原有自信心喪失。根據來訪者的症狀，診斷為一般心理問題。

診斷依據：

1. 來訪者知情意統一、一致，對自己心理問題認識清楚（75%），主動尋求幫助，無邏輯混亂，無知覺異常，無妄想。

2. 根據來訪者情緒低落，情緒波動，對工作場所出現環境不適應現象。

3. 社會調查顯示來訪者的社會功能正常。

4. 鑑別診斷：本案例應與嚴重心理問題相區別的基礎是無退縮行為；雖曾二度以身體不適請假，但每次行動前，均安排通知家人朋友或直屬上司同事知悉其去向，並提供線索讓他人猜出其意圖，事後並能冷靜觀察其獨自工作反應。社會功能良好。

5. 由此診斷為一般心理問題。來訪者出現上述問題的原因是她對職場工作生活的不成熟認知，原生家庭為幸福家庭，父母兄弟姐妹感情良好，造成其某種保護過度程度心理；同時學業上之順利傑出表現，與工作上能力受直屬上司肯定，建立其強烈的自尊心。但一群（四到六人）同事竟然聯合欺騙她，使來訪者懷疑自己能力，潛藏的安全感再度顯現，與強烈的自尊心產生尖銳的矛盾衝突。這是使她出現情緒波動、心理失衡的主要原因。幫助她解決心理矛盾，調整失衡心態，應從幫助她正確認知職場工作生活的本質、真實性與現實性，正確認識自我，調整心理落差入手。因此幫助來訪者正確認知自己在職場工作生活所扮演的角色，釐清自己想要怎樣的職場工作生活，整理自己的情緒，做好現實生活的準備，再來採取必要的具體步驟（如離職及工作關係修復等）。如此才會有健全的認知與心理，來面對自己今後的職場工作生活。

五、諮詢目標的制定

- 長遠目標——心理諮詢所提供的全新環境可以幫助人們認識自己與社會，處理各種關係，逐漸改變與外界不合理的思維、情感和反應方式，並學會與外界相適應的方法，提高工作效率，改善生活品質，以便更好地發揮人的內在潛力，實現自我價值。

- 近期目標——來訪者主要問題在於因遭同事職場工作惡意競爭（忌妒），另一組惡意同事發黑函信事件，失去對人的信任與自我肯定，影響其心理狀態的主要因素是認清職場工作生活本質，從而接受現實，肯定自己。因此對來訪者的諮詢目標是：認清職場工作生活本質，同事工作衝突及適應失敗原因複雜，並非純粹因來訪者自身性格、能力或其他單方、單一因素所致。接受現實，努力改善心情，認清自己所要的生活，實行具體執行步驟。

六、諮詢方案的制定方法與原理

- 中心療法也翻譯成諮客中心療法（Client-Centered therapy），中心療法，是人本主義心理療法中的主要代表。人本主義心理療法是 20 世紀 60 年代興起的一種新型心理療法，其指導思想是，第二次世界大戰後在美國出現的人本主義心理學。這個療法不是由某個學派的傑出領袖所創的，而是由一些具有相同觀點的人實踐得來的，其中有患者中心療法、存在主義療法、完形療法等。在各派人本主

義療法中，是人本主義療法中的一個主要代表。諮客中心療法認為，任何人在正常情況下都有著積極、奮發向上、自我肯定的無限成長潛力。如果人的自身體驗受到閉塞，或者自身體驗的一致性喪失、被壓抑、發生衝突，使人的成長潛力受到削弱或阻礙，就會表現為心理病態和適應困難。如果創造一個良好的環境使他能夠和別人正常交往、溝通，便可以發揮他的潛力，改變其適應不良行為。

「中心療法」其要點如下：

1. 人都有能力發現自己的缺陷和不足，並加以改進。所以心理諮詢的目的，不在於操縱一個人的外界環境或其消極被動的人格，而在於協助來詢者自省自悟，充分發揮其潛能，最終達到自我的實現。

2. 人都有兩個自我：現實自我和理想自我。其中前者是個人在現實生活中獲得的自我感覺，而後者則是個人對「應當是」或「必須是」等的自我概念。兩者之間的衝突導致了人的心理失常。人在交往中獲得的肯定越多，則其自我衝突越少，人格發展也越正常。

3. 這一療法很強調建立具有治療作用的諮詢關係，以真誠、尊重和理解為其基本條件。羅傑斯認為，當這種關係存在時，個人對自我的治療就會發生作用，而其在行為和人格上的積極變化也會隨之出現。所以，心理諮詢人員應該與來詢者建立相互平等、相互尊重的關係。這樣即可使來詢者處於主動的地位，學會獨立決策。

4. 在操作技巧上，這一療法反對操縱或支配來詢者，主張
在談話中採取不指責、不評論、不干涉的方式，鼓勵來
詢者言盡其意，直抒己見，以創造一個充滿真誠、溫暖
和信任的氣氛，使來詢者無憂無慮地開放自我。

- 「行為療法」源於「行為主義」理論，它強調透過對環境
的控制來改變人的行為表現。主要有如下要點：

1. 人的所有行為都是透過學習而獲得的，其中強化對該行
為的鞏固和消退起決定性作用。強化可採取嘉獎或鼓勵
（正強化）的方式，也可採取批評或懲罰（負強化）的
方式。由此，學習與強化，是改變個人不良行為的關鍵。

2. 心理治療的目的在於，利用強化使來詢者模仿或消除某
一特定行為，建立新的行為方式。它透過提供特定的學
習環境促使來詢者改變自我，摒棄不良行為。由此，它
很注重心理治療目標的明確化和具體化，主張對來詢者
的問題採取就事論事的處理方法，不必追究個人潛意識
和本能欲望對偏差行為的作用。

- 輔導者運用這兩種療法，幫助來訪者認清職場工作生活本
質，克服情緒低落狀態，接受現實，接納自我，建立自信。

說明： 九型人格因為是一種動態的機制，經過前面的訪談
調查等，可評估受訪者處於何種位置（哪個號碼？
健康或受壓狀態？），諮商者可順應其號碼特質，
往該號碼舒服且自在的方向去調整，協助使受壓的
心理狀態引導回健康的狀態。以本受訪者為例，從

受壓往自在方向的動態調整有：（一）一號受壓狀
態拉到七號自在狀態：放下許多「應當是」、「必
須是」的想法，解除緊張與憤怒的感受，用幽默正
向的態度面對衝突與失敗；（二）六號受壓狀態拉
到九號自在狀態：幫助受訪者重新獲得安全感；
（三）鼓勵受訪者發展二號助人者與八號保護團體
者，以修復自身狀態與職場人際關係；（四）本段
報告所訂定的諮詢目標「認清職場本質」等，為將
受訪者從受壓四號的感覺者拉到健康五號思考者的
狀態；藉由左腦的理性思考，暫時擱置右腦的憤怒
憂傷情緒，可協助受訪者自省自悟，找到一個重新
梳理自身狀態的起點。

七、諮詢過程各階段的任務與完成情況

- 分次諮詢，行為調整、協調後再前後結果相互比較對應。

- 五天一個階段團療。讓她接受香港 ASK 心動力中心團體訓練。

- 諮詢四個月時間，分三階段六迴圈：

  1. 初步探索回原點。

  2. 分析條件制定成功積極心理格式。

  3. 統合問題並如何實行穿越。

  4. 執行後製表確認指標。

5.分析檢討回饋 PDCA 模式。

6.局部修正再執行。

　　來訪者經過十次面對面諮詢及二十餘次電話諮詢，輔導者運用中心療法與行為療法，使來訪者逐步認知職場工作生活的真實性與現實性，逐步接受現實生活狀態，提高自我認識和自我接受能力，情緒狀態明顯改善。

說明：在諮商過程中，筆者本身亦運用九型人格特質創造一個良好的環境，在真誠互信的氛圍下鼓勵來訪者敞開自我。其中特別是二號人格的助人者，表現為諮商人員放下自我批判，站在對方的角度感其所感，仔細聆聽，給予陪伴、關愛、與認同。同時有五號理性者就事論事的處理方法，從旁協助來訪者整理思緒，使其學習獨立決策。而在團體過程訓練中，鼓勵來訪者發展八號保護者人格，學習在團體大我中如何與他人健康、正向互動。

八、諮詢效果評估

- 經過個人及團體諮詢，來訪者自述的情緒狀態明顯改善，積極意識增加，已經能夠尋求問題解決之道，並積極實行執行步驟。

- 輔導者認為來訪者已能整理自己情緒，學會與外界相適應的方法，提高工作效率，改善生活品質，以便更好地發揮人的內在潛力，實現自我價值。重新恢復自信，並逐步實行具體執行步驟。

● 諮詢效果良好。經過八個月的隨訪，鞏固效果良好。已可自行參加兩到三個社團活動，並再次投入就業職場中。

說明：透過此案例分享，說明九型人格不僅僅止於消極靜態的「是什麼」，對於個人心理健康與團體關係也有積極動態的「為什麼」以及「如何作」的應用面向。最終希望任何一個號碼都能達成九號和平者境界，無論處在治世或亂世裡，內心都能波瀾不驚，知其所往而不惑。共勉之！

■ 國家圖書館出版品預行編目（CIP）資料

九型芳華,鑑古知來 / 林顯洋，張兆東，呂俐蓁著. ─ 初版.
─ 高雄市 ： 藍海文化事業股份有限公司，2022.05
　　面； 公分
　ISBN 978-986-06041-5-3（平裝）

　1.CST: 人格心理學　2.CST: 人格特質

　173.75　　　　　　　　　　　　　　　111003301

九型芳華，鑑古知來
初版一刷・2022 年 5 月

著者	林顯洋、張兆東、呂俐蓁
責任編輯	張如芷
封面設計	Lucas
發行人	楊宏文
總編輯	蔡國彬
出版	藍海文化事業股份有限公司
地址	802019高雄市苓雅區五福一路57號2樓之2
電話	07-2265267
傳真	07-2264697
網址	www.liwen.com.tw
電子信箱	liwen@liwen.com.tw
劃撥帳號	41423894
臺北分公司	100003臺北市中正區重慶南路一段57號10樓之12
電話	02-29222396
傳真	02-29220464
法律顧問	林廷隆律師
電話	02-29658212

ISBN　978-986-06041-5-3（平裝）

藍海文化事業股份有限公司
Blue Ocean Educational Service INC

定價：330 元